João Roberto Kelly e André Weller

Cabeleira do Zezé
e outras histórias

Nº Cat.: 59-L

Irmãos Vitale S.A. Indústria e Comércio
www.vitale.com.br
Rua França Pinto, 42   Vila Mariana   São Paulo   SP
CEP: 04016-000 Tel.: 11 5081-9499 Fax: 11 5574-7388

© Copyright 2015 by Irmãos Vitale S.A. Ind. e Com. - São Paulo - Brasil
Todos os direitos autorais reservados para todos os países. *All rights reserved.*

PRODUÇÃO EXECUTIVA:
Fernando Vitale

PROJETO GRÁFICO E DIAGRAMAÇÃO:
Mello e Mayer Design

CAPA:
Mello e Mayer Design

REVISÃO TEXTUAL:
Marcos Roque

FOTOS MIOLO:
Acervo particular de João Roberto Kelly

FOTO CAPA:
Paulo Aiemenot

CIP-BRASIL. CATALOGAÇÃO NA PUBLICAÇÃO
SINDICATO NACIONAL DOS EDITORES DE LIVROS, RJ

K37c

Kelly, João Roberto, 1938-
    Cabeleira do Zezé : e outras histórias / João Roberto Kelly , André Weller. - 1. ed. - Rio de Janeiro : Irmãos Vitale, 2015.
    152 p. : il. ; 23 cm.

    ISBN 978-85-7407-440-5
    1. Kelly, João Roberto, 1938-. 2. Compositores - Brasil. 3. Música popular - Brasil. I. Weller, André. II. Título.

15-26105

CDD: 784.500981
CDU: 78.067.26(81)

01/09/2015 01/09/2015

A Emílio Vitale, Cesar do Prado e Fernando Kelly (in memoriam).
João Roberto Kelly

Para Ana, Branca, Olivia e João.
André Weller

Sumário

NO BALANÇO DE KELLY 5

APRESENTAÇÃO 9

INFÂNCIA 11
    1. *A profecia de Bidu Sayão* 12
    2. *À margem da Lagoa* 13
    3. *Travessuras de um coroinha* 14
    4. *Uma escada para Portinari* 15
    5. *Chopin em Si bemol* 16
    6. *Sessão da tarde* 18
    7. *Escola de marchinhas* 19
    8. *Namorando as orquestras* 21

PRIMEIROS PASSOS 23
    9. *Batismo no Jardel* 24
    10. *A lição de Geysa Boscoli* 26
    11. *Um piano em Bangu* 27
    12. *"Boato" com Elza Soares* 28
    13. *Lá vem o Zé* 29
    14. *Eurídice no Jardel* 31
    15. *Faculdade de vedetes* 32

NA TELEVISÃO 33
    16. *Entrando no ar* 34
    17. *No tempo do Times Square* 36
    18. *Samba de branco* 37
    19. *Travecos em revista* 38
    20. *A Praça existe* 40
    21. *Les Girls: uma vitória* 43
    22. *Na frente das câmeras* 44

SUMÁRIO

23. E o Rio deu samba 45
24. A verdadeira história do "Bole-bole" 48
25. Mulata censurada 49
26. Mulata borboleta 51
27. O fazendeiro e a mulata 52

MARCHINHAS 53
28. Cabeleira do Zezé 54
29. Uma surpresa no Municipal 57
30. Mulata iê-iê-iê 58
31. Colombina, aonde vai você? 60
32. Quem é a "Maria Sapatão"? 62
33. Joga a chave, meu amor 64
34. "Israel" dá samba 66
35. Marchinha do Ibope 68
36. Um sonho, uma viagem 70
37. Receita de marchinha 72

ENGRAVATADO 76
38. Organizando a avenida 77
39. Chagas e a loura 78
40. É tudo a mesma coisa 79
41. GP de mulatas 80

PERSONAGENS 82
42. A cantora de bolero 83
43. O piano de Grande Otelo 85
44. Uma tarde com Vadico 86
45. No Cirandinha com Imperial 88
46. Rendezvous em Copacabana 90
47. Presente de grego 92

SUMÁRIO

48. A "musiquinha" do Ciro Monteiro 94
49. Uma ida a São Paulo 96
50. Um maestro em Niterói 98
51. Carnaval de Mendelssohn 99
52. Jamelão boa-praça 101
53. Numa furada com Joe Lester 103
54. A mentira de Ary Tell 104
55. O síndico coronel Portela 105
56. Um ar diferente 106
57. No motel com Dona Zica e Emilinha 107
58. A Nega Maluca 109
59. Um fã galã 110
60. No Bierklause 111

ATUALIDADE 113
61. Na praia 114
62. Um Céu na Terra do carnaval 115
63. No baile da Cinelândia 118
64. Embaixadores da Folia 119
65. Meu querido Bola 121
66. Carnaval dos bingos 124
67. Cinquentão 125
68. No Rio Scenarium 126
69. Politicamente incorreto 128
70. Marchinhas de hoje 129
71. Meu ganha-pão 130
72. Receita de longevidade 132

GALERIA 133
RELAÇÃO DE OBRAS DE JOÃO ROBERTO KELLY 155

No balanço de Kelly

Oi, André, sua voz agora é inconfundível. Como anda a vida? Precisamos colocar o papo em dia qualquer hora. Quando é que você vem aqui? Já coloquei aquelas cervejas no gelo e tenho mais uma história pro nosso livro. É para o início, porque acho que este livro começou mesmo foi num filme, sabe? Ou seria o contrário? O filme terminou neste livro? Sei lá... Acho que você vai gostar. Se lembra quando você me convidou para fazer aquela série de gravações? Pois é... Era assim de um jeito meio diferente, exatamente como eu gosto das coisas. Nada muito convencional. E lá fomos nós dividir a mesma banqueta do piano da Sala Baden Powell. Em que ano foi isso, meu irmão? Melhor deixar pra lá... Parece que foi ontem. Aí, em vez de você me entrevistar, ficamos conversando e tocando piano durante dias. Melhor impossível, né? O papo rolou solto com muitas histórias e, é claro, muita música. Ainda me lembro do nosso número a quatro mãos, bem ao estilo do que eu fazia com outro irmãozinho, o Luiz Reis. Aí, você gravou tudo e virou esse filmão chamado *No balanço de Kelly*. E o resultado tá aí, né? Uma investigação do meu jeito de compor. Minhas ideias e meu estilo pra quem quiser ver e saber. Mas o filme passou e a amizade ficou. Uma visita aqui, outra acolá e a gente passou a dividir a mesa de bar aqui de casa. Pode chegar, irmão, que você aqui em casa é promessa de muitas histórias e um tanto de cervejas também. Como? É, eu sei que gosto de contar uma história. Já vivi muito e de tudo um pouco. São histórias quase sempre engraçadas e divertidas, que é como eu procuro levar a vida. Você sabe... E foi assim, jogando conversa fora, que recebi sua proposta de colocar as histórias todas no papel. Você se lembra? E lá fomos nós gravar uma história atrás da outra pra escrever um livro a quatro mãos. Tudo isso regado a cerveja e com o auxílio luxuoso da Maria Helena aqui em casa. E de tanto ouvir os meus casos, você preparou uma lista

prontinha, que eu completei depois. André, adorei também a divisão do livro em capítulos. Deu aquela organizada que só você sabe fazer. O resto são as histórias que agora estão no papel e que você orquestrou como se fosse um Radamés Gnattali.

Bem, já vou pegar a cerveja... senão congela. Quando subir vem pelos fundos porque a porta da frente é pras visitas.

JOÃO ROBERTO KELLY

Apresentação

Este livro não é uma biografia. Tal qual Zezé com sua cabeleira, este livro parece, mas não é. Não se engane, meu caro leitor, você não vai encontrar no interior desta publicação a biografia do maior compositor vivo de marchinhas de carnaval. João Roberto Kelly está muito vivo e muito bem, obrigado! Do alto de mais de meio século de carreira, o compositor não descansa e nos traz agora as suas memórias no formato de histórias. Que o leitor se sinta numa mesa de bar ouvindo os casos de um dos músicos mais originais do nosso tempo. Não há precisão nas datas, nos locais ou nos personagens, mas a graça de um bate-papo que remonta a história da música brasileira.

Kelly não somente foi testemunha ocular, como protagonista de alguns dos pontos de inflexão dessa história. E assim, sem pretensão, João pinta quadros nestas páginas para você, meu caro leitor. Sua aproximação com o carnaval já se prenuncia no retrato do artista quando jovem. Do menino que escutava a avó e a mãe tocarem ao piano os sucessos da folia dos anos 1940 ou do garoto que parava em frente às orquestras, hipnotizado pelo som do carnaval, nas suas primeiras matinês. Em seus primeiros passos e compassos, num batismo no teatro de revista, que ressurgia em Copacabana no Teatro Jardel. E fazendo com desembaraço a transição dos palcos para os estúdios de televisão. Se o compositor brilhou por trás das câmeras, musicando o maior programa de televisão de todos os tempos, o *Times Square,* o apresentador criou um novo gênero de programa com suas mulatas. E essa invenção lhe permitiu acompanhar de perto as transformações do carnaval que ele, agora, nos conta com a intimidade de quem sabe do assunto. As histórias de Kelly são assim: quando o leitor acha que o cenário é um, é outro. Porque nos seus relatos, mais importante do que as emissoras de televisão pelas quais ele passou, são os bares onde a turma se reunia. Acredite, você está diante de um dos mapas mais originais de boates, botequins, cabarés, cervejarias e biroscas da cidade!

APRESENTAÇÃO

Neste papo, você irá logo perceber que João Roberto Kelly tem um dos maiores corações que já existiram e existem por aqui. Sua generosidade é evidente no carinho com que ele conta as suas desventuras. Muitas delas em dobradinha com personagens brilhantes, como Ciro Monteiro, Carlos Imperial, Grande Otelo e Luiz Reis. Ou quando nos revela segredos das suas próprias criações. E assim, descobrimos que o cabeludo Zezé foi um garçom, a Mulata iê-iê-iê foi uma Miss, a Colombina uma garota de uma discoteca e a Maria Sapatão, provavelmente você ligue o nome ao número do sapato. E quando Kelly manda neste livro sua valiosa receita de marchinha, fala muito humildemente, como todo artista deveria ser: "Quem sou eu para dar receita de marchinha!" Respondemos em uníssono que ele é, simplesmente, o melhor e agora nos oferece uma sucessão de histórias que se formam na sua frente, meu caro leitor. Tudo isso à maneira das suas próprias marchinhas. São casos curtos, concisos e saborosos como são as letras econômicas das suas composições de carnaval. Impossível não vislumbrar um sorriso atrás deste livro. Experimente saber o que aconteceu num motel na avenida Brasil com o nosso herói, Dona Zica e Emilinha. Ou quando o estudante de direito levava vedetes a tiracolo à faculdade. E o dia em que a censura implicou com as mulatas do *Rio dá Samba* e o programa quase não foi ao ar.

"A marchinha de carnaval não se dança, nem se samba; se brinca", como ensina o nosso anfitrião. Espero, sinceramente, que você possa brincar com este livro. Mas atenção: não deixe o chope esquentar! O João é bom de copo e a noite promete.

ANDRÉ WELLER

INFÂNCIA

A profecia de Bidu Sayão • *À margem da Lagoa*
Travessuras de um coroinha • *Uma escada para Portinari*
Chopin em Si bemol • *Sessão da tarde*
Escola de marchinhas • *Namorando as orquestras*

1 · A profecia de Bidu Sayão

Eu nasci no Rio de Janeiro, no bairro da Gamboa, no dia 24 de junho, dia de São João. Naquela noite, meu pai, o jornalista Celso Kelly, estava numa apresentação da cantora lírica Bidu Sayão no Teatro Municipal. No intervalo, meu pai foi avisado que minha mãe, Luzia, estava dando à luz um filho, ou uma filha, porque naquele tempo não era possível saber qual era a do bebê. Ele, é claro, ficou muito contente, mas também ansioso. E logo se dirigiu ao camarim da Bidu para explicar sua saída antes do fim do recital. E foi às pressas à Pró-Matre, maternidade onde nasci, localizada na zona portuária. Naquela época, o uso do *smoking* era bem mais frequente. E foi assim, de *smoking*, que meu pai foi à maternidade, depois de avisar aos amigos que também estavam no Municipal. Quando essa turma começou a chegar, o quarto virou uma festa com todo o mundo de *smoking*. E eu tive uma recepção de gala, com o pessoal vestido a rigor e me aplaudindo. Essa foi a minha estreia. Acho que eu já possuía certa vocação para o palco mesmo... Mas o que mais importa na história toda foi o que a Bidu Sayão disse ao meu pai na despedida, no Municipal, naquela noite de 24 de junho de 1938: "Celso, você terá um filho menino e eu tenho certeza que será um artista. E esse menino vai ser músico. Nesta noite de São João, em meio aos balões e a todo esse foguetório, ele será um artista popular, um homem que vai mexer com o povo". Para menino, meus pais já haviam escolhido Roberto como nome. Se fosse menina, não sei... A história seria bem diferente. Mas, devido ao ensejo daquela noite de São João, fiquei mesmo João Roberto, João Roberto Kelly. E não é que a profecia da Bidu Sayão deu certo?! Muito certo!

2 • À margem da Lagoa

Quando nasci, minha família morava na rua Álvares Borgerth, perto da Igreja de São João Batista, em Botafogo. Fui morar na Fonte da Saudade com um ano de idade. Essa rua tem uma história muito bonita e musical também. Segundo os moradores mais antigos de lá, esse nome pegou há muito tempo. No começo do século passado, empregadas portuguesas trabalhavam nas casas de lá. Elas lavavam as roupas dos patrões numa fonte que ficava onde é hoje a rua Almeida Godinho. Enquanto as portuguesas lavavam as roupas à beira da fonte, elas cantavam evocando a terrinha com saudades de Portugal. Então, aquele recanto ficou conhecido como "fonte da saudade". Com o passar dos anos, a rua que passa ali embaixo cresceu e se chamou rua Fonte da Saudade. Hoje, a Fonte da Saudade é quase um bairro entre a Lagoa e o Humaitá. Eu me lembro que quando era pequeno, com oito ou nove anos, tentaram mudar o nome da rua. Ela passou a se chamar rua General Álcio Souto. Foi uma gritaria geral de todos os moradores dali, com abaixo-assinado e tudo. Os mais exaltados chegaram a tirar a placa com o nome do tal general. A coisa mexeu, virou e a rua acabou voltando, para nossa felicidade, a ser Fonte da Saudade.

3 • Travessuras de um coroinha

Viver à beira da lagoa Rodrigo de Freitas era a coisa mais bucólica que podia existir. Nos anos 1930-40, o bairro da Lagoa era bem afastado, com pouquíssimas casas. A Lagoa, naquele tempo, já possuía as regatas. Era o Vasco da Gama, o Flamengo e o Botafogo. Todos os três tinham garagem na Lagoa. Cresci assistindo a essas regatas. A largada era do lado do Jockey Club e os remadores chegavam do lado da Fonte da Saudade. Depois, esse percurso foi invertido e construíram aquela arquibancada de remo. Já que estamos falando da Fonte da Saudade, não podemos deixar de citar a Igreja de Santa Margarida Maria, que é o principal símbolo daquela área até hoje. Assisti à construção daquela igreja ainda nos seus alicerces. Ela era dirigida por padres holandeses, a irmandade do Sagrado Coração de Jesus. Usavam batina branca e seguiam rigorosamente os hábitos da Holanda. Eles andavam de bicicleta por todos os cantos da Fonte da Saudade. Era muito poético ver aqueles padres modernos circulando de branco em suas bicicletas pelo bairro. Eles não tinham nenhum tipo de distanciamento. Pelo contrário, frequentavam as casas dos paroquianos e de toda a vizinhança. Eu tinha lá meus dez, onze anos e fui ser coroinha da igreja. Éramos recrutados pelos padres para ajudar nas missas. E a molecada ficou com uma certa intimidade com a igreja. Sabíamos onde era a sacristia, o quarto dos padres e a escada que levava até a torre da igreja recém-construída naquela época, com o sino instalado lá no alto. Entrávamos na igreja por volta das seis horas, quando já estava escurecendo, e subíamos até a torre, muito alta e ainda sem iluminação alguma. Havia cal nas paredes da escadaria e a gente se sujava todo. A graça era chegar lá em cima e ficar badalando o sino. Isso se repetiu muitas vezes para desespero dos padres e dos nossos pais que nos proibiram de tocar o sino definitivamente.

4 • Uma escada para Portinari

A nossa casa foi uma das primeiras a serem construídas na Fonte da Saudade. A história começou com o meu avô, o ministro Otávio Kelly. Ele foi ministro do Supremo Tribunal Federal no finalzinho dos anos 1930. Digo isso com muito orgulho! Hoje, não sei se ser neto de ministro do Supremo proporciona esse mesmo orgulho. Meu avô deu de presente ao meu pai e ao meu tio dois terrenos vizinhos na Lagoa, justamente na rua Fonte da Saudade, números 126 e 128. Meu tio, mais conservador, fez ali uma casa mais tradicional. Já o meu pai preferiu uma de arquitetura moderna. Era uma construção que não tinha telhado, só uma laje formando uma espécie de praça de cimento em cima. Dois andares e um terraço. A casa não tinha paredes embaixo. Eram divisórias de, aproximadamente, um metro. Uma casa bem moderna e projetada por um amigo, o arquiteto Marcelo Roberto. E era muito fotografada por pessoas que passavam por lá. Foi frequentada por muitos artistas plásticos, gente de teatro e também de música. Minha mãe e minha avó estavam sempre ao piano da sala. Minha avó também era doceira de mão cheia quando queria, de modo que quem passasse pela casa podia sentir um cheiro de bolo no ar. Meu pai também pintava e era professor da Escola de Belas Artes. Foi muito amigo do Portinari, que sempre aparecia sem cerimônias lá em casa. Um dia, Portinari entrou e pediu para minha mãe uma escada. Ela não entendeu nada, mas deu a escada para ele, que começou a pintar a parede toda da sala. E ficamos com um afresco maravilhoso assinado pelo Portinari. A nossa casa era assim.

5 · Chopin em Si bemol

Na nossa casa na Fonte da Saudade era música o dia inteiro. O piano tinha um lugar de destaque na sala e era muito bem servido por minha mãe e vovó Zizinha. Minha avó, de nome Urzelina, tinha esse apelido carinhoso não era à toa. As duas não apenas tocavam os clássicos, como se entendiam muito bem com música popular. Minha mãe me contava que quando menina, ela passava o verão em Barra do Piraí. Lá, ela tocava ao piano os sucessos de carnaval do ano para as primas. Herdei muito do jeito popular de tocar da minha mãe e também da minha avó. Eu sempre via as duas tocarem e isso mexia bastante comigo, e com o meu irmão, Fernando, que também era muito musical. Ele só não foi músico porque não quis. Comigo, a história foi diferente! Sempre que eu estava sozinho em casa, me encaminhava para o piano. Ninguém tinha me ensinado nada. Ficava lá dedilhando, fazendo uns sons no teclado. Numa noite, acordei e desci as escadas. Abri o piano e comecei a tocar. Mas tocar pra valer! Não sabia nada, nada vezes nada. Naquela noite, toquei mais nos sustenidos e bemóis, que são aquelas teclas pretas. E até que me saí bem, formando os acordes direitinho com um sentido musical. E a minha família foi descendo as escadas e, sem que eu percebesse, todos ficaram em volta do piano. Quando terminei, eles me aplaudiram com muito entusiasmo. Com toda certeza, aquele foi o meu primeiro recital. A partir de então, minha mãe começou a me ensinar algumas coisas ao piano. Ela tocava muito bem de ouvido e começou a me ensinar os acordes e algumas batidas. Eu me encantava com tudo aquilo. Aí, eles viram que eu dava para o negócio e me colocaram numa aula com a professora Zélia de Lima Furtado. E me desenvolvi rapidinho. Já com 12 anos, tocava aquelas sonatas, noturnos e estudos. Numa peça clássica, a gente deve tocar o que está escrito. A música popular não é assim. Mas eu, instintivamente, tinha muita facilidade de tocar aquilo tudo em outras tonalidades, transpondo as notas do piano. Me lembro que uma vez a professora me ensinou o "Prelúdio em Lá Maior", de Chopin,

um dos meus preferidos. Na aula seguinte, fui mostrar a ela e toquei toda a peça. A Zélia escutou com atenção e quando foi ver as minhas mãos no teclado, ela percebeu que havia alguma coisa diferente. Era o tom. Eu tocava meio tom acima, em Si bemol. E ficou assim: "Prelúdio em Si bemol Maior". Isso acontecia muito quando eu aprendia a música. Eu guardava a melodia e já entrava em outro tom. Já era uma coisa que eu tinha em mim, essa vontade de improvisar, de tocar o popular. De fazer o que eu sentia.

6 · Sessão da tarde

Eu já era um rapazinho, estudante no Colégio Padre Antonio Vieira. Numa tarde, fui sozinho ao cinema Rian, em Copacabana. O filme era *Música e lágrimas*, sobre a vida do músico norte-americano Glenn Miller, um grande arranjador. Eu já era muito ligado às orquestras e fui muito empolgado acompanhar essa sessão. O enredo, os atores, enfim, era tudo muito bonito, mas eu estava vidrado mesmo nas músicas do filme: "In The Mood" e "Monlight Serenade". O filme era longo, com quase duas horas de duração. Quando a primeira sessão terminou, eu não consegui me levantar da cadeira. Estava com a melodia de "Moonlight Serenade" na cabeça e resolvi assistir à próxima sessão para aprender melhor a música. E assisti ao filme novamente. Mas eu achava que ainda não tinha aprendido bem a canção e, por isso, não consegui me levantar da cadeira de novo. Sessão das duas às quatro. Sessão das quatro às seis e, finalmente, até às oito horas da noite. Quando a sessão acabou, eu havia decorado "Monlight Serenade" inteira. E fui para casa a pé, de Copacabana até à Lagoa. Chegando lá, tarde da noite, minha família estava em polvorosa, muito preocupada com o meu sumiço. A essa altura, meus pais já tinham ligado até para o necrotério. Então, expliquei o caso todo: as sessões de cinema, a música "Moonlight Serenade", do Glenn Miller... Eu estava com essa melodia na minha cabeça, que não parava. Nessa noite, eu nem sei o que jantei. Se comi um bife, um frango ou se tomei uma sopa. E fiz uma hora até ir ao piano para tirar aquela história a limpo. Naquela época, eu tocava lendo partitura, mas também já tirava música de ouvido. Sentei ao piano e saí tocando "Moonlight Serenade". São coisas que acontecem mesmo e eu fui pegando a canção de Glenn Miller de cara. Até hoje, acho a harmonia dessa música um tratado, com aqueles encadeamentos e suas modulações. Aí, o pessoal lá de casa chegou à conclusão de que eu havia realmente passado a tarde no cinema. E o susto se transformou numa boa surpresa! Foi uma noite gostosa, com a família toda em volta do piano, enquanto eu pedia desculpas pelo que havia causado naquele dia. Mas aí já não precisava pedir mais desculpa nenhuma porque a "Moonlight Serenade" falava mais alto.

7 · Escola de marchinhas

Eu já era musical, mas não demonstrava muito esse meu lado na Escola Padre Antonio Vieira. Naquele tempo, o colégio não era como é hoje, onde o aluno é mais solto, canta e toca sem nenhum tipo de preconceito. Era uma coisa mais conservadora. E eu, no colégio, gostava mesmo é de brincar com música. Eu fazia o meu próprio coral com os colegas da turma, o que indignava muito o diretor da escola. Porque eu botava todo o mundo em duas filas e dividia o coral por vozes. E, maliciosamente, pedia para uma das filas cantar assim:

Bota os colhões na água!
Bota os colhões na água!

E, enquanto uma fila cantava, a outra respondia:

Não boto!
Não boto!

Então, ficava bem ritmado e muito divertido quando eu juntava as vozes:

Bota os colhões na água!
Não boto!
Bota os colhões na água!
Não boto!

E isso ficou muito popular lá na escola. O professor ia à loucura. Agora, o interessante nisso tudo é que esses versos tão singelos, feitos por mim ainda na infância, têm a mesma melodia e o ritmo de outros que eu iria fazer bem mais tarde:

Corta o cabelo dele!
(PAM! PAM!)
Corta o cabelo dele!
(PAM! PAM!)

O início de "Cabeleira do Zezé", meu maior sucesso, já estava todo aí. Isso já impregnava a minha cabeça desde aquela época. Depois, o diretor me censurou e chamou o papai lá na escola. E aí eu disse que iria mudar. E não é que mudei mesmo!!! Botei o pessoal para fazer diferente:

Bote os colhões no fogo!
Ui!
Bote os colhões no fogo !
Ui!

Eu acho que o diretor preferia como era antes mesmo.

8 · Namorando as orquestras

O carnaval entrou muito cedo na minha vida. Eu me lembro que o meu pai chegou a me levar onde era o Grande Hotel, na Escola de Belas Artes, para assistir aos corsos. Eu, um menino com seis, sete anos de idade, assistia sentado numa janela do Grande Hotel que hoje não existe mais. Via os corsos passando na rua com aquela gente toda fantasiada nos carros conversíveis subindo e descendo a avenida. Mas a minha grande paixão sempre foi a música de carnaval. Meu irmão e eu cantávamos tocando bumbo e um pandeirinho, improvisando aquele repertório dos Anjos do Inferno, Quatro Ases e um Coringa, Dircinha Batista e Orlando Silva. Todos os domingos, nós almoçávamos na casa do meu tio Zezinho, o jurista José Eduardo do Prado Kelly, que ficava ao lado da nossa, na Fonte da Saudade. Na casa dele, entre uma sala e outra, havia um arco com uma cortina. Era o nosso palco. Muitas vezes, meu irmão e eu éramos a atração dos almoços. Eu, com o meu bumbo, e ele com o pandeirinho. E a gente cantava todas as músicas de carnaval, como "É com esse que eu vou" e "Nós os carecas". E quem diria que eu, ainda menino, cantando uma música que falava dos carecas, iria fazer, bem mais tarde, meu grande sucesso sobre um cabeludo?! Meu tio, eleito deputado e futuro ministro da Justiça, recebia em sua casa figuras ilustres, como juristas, políticos e homens com grandes cargos públicos. Eu e meu irmão atacávamos todo aquele repertório de carnaval. Com certeza, tudo era muito engraçado. Também passávamos o verão em Petrópolis, na casa da tia Jovita, uma verdadeira santa. Ela era proprietária de uma casa de veraneio e nos convidava sempre. No carnaval, tínhamos nosso próprio bloco do sujo e saíamos pintados e cantando músicas do nosso repertório. Em Petrópolis, fui aos meus primeiros bailes infantis, que eu fazia questão de ir, e a minha mãe nunca deixou de me levar. No baile, a garotada ia logo para o salão dançar e eu ia junto. Também gostava de ver as meninas bonitas no salão. Mas minha grande fixação eram mesmo as orquestras. Muitas vezes, minha mãe ia ao salão e

me empurrava para dançar porque eu ficava quase sempre parado olhando a orquestra, extasiado por aqueles sons todos. Isso tudo foi mexendo comigo... Uma vez, fui a um baile no Quitandinha e praticamente não brinquei. Fiquei parado, em estado de transe, porque achei a orquestra maravilhosa. E quando me dei por mim, já estava no meio da orquestra, procurando um bumbo para tocar. O baile de carnaval só tem dois ritmos: a marcha e o samba. E eu ficava maravilhado com aquelas viradas da orquestra passando de samba para marcha e de marcha para samba. E também quando a marcha-rancho tocava de forma mais lenta. Isso foi fazendo toda a minha base de compositor dentro da música popular. Confesso que não fui um garoto namorador. Quando se tratava de namoro, eu preferia mesmo as músicas e as orquestras.

(PRIMEIROS PASSOS)

Batismo no Jardel • *A lição de Geysa Boscoli*

Um piano em Bangu • *"Boato" com Elza Soares*

Lá vem o Zé • *Eurídice no Jardel*

Faculdade de vedetes

9 • Batismo no Jardel

Com 18 anos de idade, eu já tinha optado pelo curso clássico no Colégio Padre Antonio Vieira. Eu tocava meu pianinho por aí com meu irmão, que era cinco anos mais velho. Ele tinha uma voz muito bonita e me levava às festinhas para tocar enquanto ele cantava. Eu compunha meus sambinhas, canções românticas e algumas marchinhas. E fiquei assim meio falado, comentado por aí pelos amigos mais velhos dele. Acontece que um desses amigos era filho do Geysa Boscoli, dono do Teatro Jardel, em Copacabana. Um dia, durante um dos almoços das segundas-feiras na ABI, meu pai se encontrou com o Geysa, também jornalista, além de teatrólogo e compositor. Esse almoço se chamava "Almoço dos Peregrinos", por causa do seu patrono Peregrino Júnior, um membro da Academia Brasileira de Letras. Lá se reuniam muitos intelectuais, inclusive meu pai. Nesse dia, o Geysa puxou conversa com ele durante o café. "Ô, Celso, meu filho me disse que você tem um garoto que é bom de piano e que faz umas musiquinhas. O que você acha dele?" E papai respondeu, muito orgulhoso e com a modéstia de lado, que achava que eu fazia a coisa direitinho. E o Geysa disse que tinha vontade de me ouvir. "Manda o menino lá no Jardel pra mostrar as músicas que ele toca por aí."

E marcou num sábado. Nós fomos lá, meu pai e eu, juntamente com meu irmão Fernando e meu primo Cisinho, que me acompanhava na bateria. Mas antes, fomos ver Fluminense x Canto do Rio em Laranjeiras. Eu sempre fui Tricolor. E nesse jogo, levei meu livrinho, um caderno com minhas músicas anotadas, embaixo do braço. Já no teatro, o Geysa fez logo aquela festa, mas não era para mim, não. Ele me olhou de cima a baixo. Naquela época eu era muito magrinho, mirrado. Nessa hora, terminou a matinê da peça *Vovó de bonde de burro não pega avião a jato* e saíram de lá todas aquelas vedetes boazudas do teatro. O Geysa me levou para um canto onde ficava o piano, bem ao lado do palco, e disse: "O piano é todo seu". Comecei a desengomar

uma música atrás da outra. Uma marchinha chamada "Juventude transviada", os sambas "Dá licença, Mangueira" e "Samba de teleco-teco", e muitas outras músicas. O Geysa, modéstia à parte, ficou encantado e me perguntou se eu conseguiria musicar uma letra. "Um quadro, você musica?" Eu nunca tinha feito aquilo, mas respondi que sim. Ficamos combinados que a próxima peça a entrar em cartaz seria com músicas minhas.

Depois desse encontro, eu tive as provas na faculdade e o Geysa nunca mais me deu notícias. Eu até pensei que ele não fosse mais me ligar. Mas, na verdade, a peça em cartaz estava agradando tanto o público que ele prorrogou a temporada. Já era quase dezembro quando ele me ligou e disse que iríamos fazer a peça, um espetáculo carnavalesco. As minhas marchinhas já tinham mesmo um sabor de carnaval. E ele escreveu a peça toda baseada nas minhas músicas. E chamou o Russo do Pandeiro com seu conjunto para fazer duas entradas. No ensaio, quando o veterano Russo me viu, um menino pequeno, ele deu uma olhada para o Geysa meio desconfiado. Mas fui logo mostrando minhas músicas no ensaio e o grupo todo gostou, e ali mesmo começou a batucada. Estava aprovado! A peça foi ao ar em janeiro, com vedetes, músicos e comediantes. E as duas entradas com o Russo do Pandeiro também. Foi o meu batismo no Teatro Jardel, com a peça *Esputinique do morro*. Aí começou a minha carreira.

10 · A lição de Geysa Boscoli

O Teatro Jardel ganhou este nome em homenagem ao irmão do Geysa Boscoli. Um sujeito formidável, que morreu muito cedo e foi o pai do ator Jardel Filho, famoso pelas novelas que fez na televisão. Não era um teatro grande, pelo contrário, era bem pequeno. Daí as pessoas se referirem ao espaço como o "Teatrinho" Jardel. Ficava na esquina da rua Bolívar com a avenida Nossa Senhora de Copacabana, em frente ao cinema Roxy. Com suas produções, Geysa Boscoli mantinha a tradição do teatro de revista, um gênero popular que se fixou no Rio. Depois de *Esputinique do morro*, continuei fazendo outras peças no Teatro Jardel e tomei gosto pela coisa. *Cala a boca, Etelvina; Pif, Paf, Zig, Pong;* e *Felizberto do Café* foram algumas das outras peças que musiquei. Nessa época, o Geysa Boscoli me via sempre chegando ao teatro com uma *girlzinha*, nem era uma das vedetes. Muito bonitinha, se chamava Misa. Ele me viu um dia na companhia dela. Depois outro. No terceiro, como ela era muito carinhosa comigo, o Geysa chegou para mim e disse: "Garoto, você tá se tornando um grande artista e é filho de um amigo querido. Eu vou te ensinar uma coisa: acaba com esse negócio de romance aqui dentro do teatro que isso não vai dar em nada. Você vai acabar se apaixonando e vai levar um pé na bunda. Você é um menino sensível e vai acabar fazendo música de dor de cotovelo...". Eu tratava o Geysa com muito respeito. Ele era advogado e eu o chamava de "Doutor Geysa". Sempre o chamei assim. "Que isso, doutor Geysa...". E ele, que conhecia muito da vida e mais um pouco, foi logo falando: "Você sabe como o Correio faz, rapaz? O Correio pega a carta e "pá!", carimba e manda. Menino, você tem que fazer assim: pega essas pequenas, carimba e manda pra frente!" Lição dada, lição aprendida.

11 · Um piano em Bangu

Um dia, o Geysa Boscoli chegou para mim no Teatro Jardel e falou que iria fazer um show no Teatro Cassino Bangu, mas o pianista da casa não poderia ir. "Você pode?", perguntou ele. É claro que eu disse sim. Jamais falaria um não ao doutor Geysa. Eu já sabia todo o show. As músicas eram todas minhas e eu não precisa nem levar partitura. E fomos a Bangu. Chegando lá, o Cassino era um clube bonito, mas já apresentava sinais de decadência. O grupo todo foi chegando. As mulheres se maquiando e o pessoal da técnica preparando o palco. A formação musical era só piano, baixo e bateria. Tudo pronto e ensaiado. Os músicos lá no fosso, embaixo do palco. Coisa das antigas. Mas meia hora antes do show, eu fui conferir o som do piano para afinar junto com o contrabaixo. Só que quando abri o piano, vi que faltavam algumas teclas. Aliás, ele só tinha umas duas ou três. Era um piano banguela que nem o Tião Macalé. Chamei o doutor Geysa e disse que era impossível tocar daquele jeito. Mas os ingressos já estavam todos vendidos e nós tínhamos que fazer aquele espetáculo. Arrumar um piano em Bangu era uma missão praticamente impossível. Ainda mais faltando só meia hora para o início da apresentação. Começamos a ver se alguém do clube tinha um piano para que a produção pudesse pegar de caminhão e levar ao teatro. Mas nada feito. No meio desse alvoroço todo, alguém descobriu que o padre da igreja local tinha um acordeão. E o Geysa perguntou: "Você toca acordeão?" E eu era homem de falar não para ele? "Doutor Geysa, se tem teclado, eu toco...". Eu já tinha brincado um pouco com o acordeão, mas nada sério. E coloquei o acordeão do padre no ombro e acompanhei todo o show. E o elenco no palco não entendeu nada. No final, tudo correu bem e o Geysa conseguiu cumprir o contrato dele. O show transcorreu da melhor forma possível e eu só fui explicar para o elenco o que tinha acontecido no ônibus, de volta. Foi uma gargalhada geral. Todo o mundo riu. "É um herói!", disse o Geysa aliviado. "Doutor Geysa, eu fiz isso pelo senhor, porque nunca toquei acordeão na vida!"

12 · "Boato" com Elza Soares

Eu já tinha feito vários sambas chamados de "teleco-teco". Eram músicas bem balançadas, no estilo sincopado. Compus "Chega de lero-lero", "Dor de cotovelo", "Consolo de otário", entre muitas outras. Mas de todas, a que mais se destacou foi "Boato". Um samba que a Elza Soares gravou sem que eu soubesse. Isso foi na época da faculdade. Eu já frequentava as gravadoras e fazia ponto na Editora Irmãos Vitale, na rua da Quitanda, no centro da cidade. Um dia, fui à gravadora Odeon, que tinha como diretor artístico o Ismael Corrêa. Ele me pediu logo para eu gravar umas músicas para ele apresentar aos cantores da casa. Eu gravei. Entre muitas composições, coloquei "Boato". Eu achava que essa música ficaria bem na voz da cantora Isaurinha Garcia e comentei isso com o Ismael, que logo concordou. E pronto, deixei a gravação com ele, como se fazia antigamente. Passado um tempo, minha mãe estava na sorveteria Cavé, no largo da Carioca, quando para surpresa dela, escuta a minha música "Boato". Muito bem orquestrada e maravilhosamente bem cantada. E ela pensou logo que tivessem roubado a minha música. Desesperada, ela tentou entender o que estava acontecendo. A música vinha de uma vitrola que tocava da calçada das lojas Palermo, uma das maiores da época. Minha mãe saiu da Cavé indignada e foi lá na loja tomar satisfações com um dos vendedores. "Que música é essa aí que tá tocando?" E o vendedor, muito gentil, foi logo falando que era de um disco que tinha acabado de sair. Chamava-se *Bossa negra* e era criação de uma nova cantora, Elza Soares. "Eu quero esse disco!", ordenou ela. E o vendedor chegou com o disco e minha mãe viu logo o meu nome nos créditos. Ela comprou o LP e levou a "bolacha" para casa. Foi um susto geral. Nem eu sabia que a Elza tinha gravado "Boato". Acontece que o Ismael, da Odeon, em vez de mostrar a música para Isaurinha Garcia, mostrou para Elza Soares, que também era cantora da gravadora. E eu fiquei maravilhado em ouvir Elza Soares quebrando tudo naquela gravação. Foi uma das maiores alegrias da minha vida, que começou com o susto da minha mãe no centro. Depois, a Elza gravou outro sucesso meu, "Gamação", além de outras músicas de minha autoria. Mas "Boato" foi a primeira e marcou o início de carreira tanto de Elza Soares como também o meu.

13 · Lá vem o Zé

No começo dos anos 1960, eu andava muito pelo Leme. Era muito jovem, vinte e poucos anos, e me disseram que havia uma festa na boate Drink. Era só chegar... Um sujeito estava dando uma festa comemorativa da sua própria separação. Achei o mote interessante e original: uma festa de despedida, porém, ao contrário. Era um *open bar* para os amigos em plena boate Drink, uma das mais disputadas de toda a cidade. Chegando lá, havia gente saindo pelo ladrão. Os amigos bebendo, muitas mulheres e o homem numa euforia danada. "Até que enfim, vamos beber! Eu quero é mulher!" Fiquei ali só um pouco. Eu era muito novo e não tinha muita prática da vida. Também tinha um compromisso no Copacabana Palace, um bico como pianista, e não podia faltar. Essa tal despedida de casado era, na verdade, um *happy hour*, de maneira que quando terminei meu trabalho no Copa, tratei de voltar correndo para lá. Até porque tinha mulher à beça. Umas moças muito bonitas... Mas para minha surpresa, quando voltei à boate, o clima havia mudado radicalmente. Era o oposto do que eu vi antes de deixar o lugar. O cara estava numa fossa danada, com pouquíssimos amigos, e o salão às moscas. E ele numa mesa choramingando, entornando todas e falando com voz embargada: "Ah, Conceição... Conceição!" Então, percebi que depois daquela euforia danada, ele não esqueceu o seu verdadeiro amor, a tal Conceição. E então entrou numa fossa desgraçada. Foi aí que eu fiz a música "Zé da Conceição", um samba que o Miltinho gravou e que fez sucesso na época:

> *Peguei o Zé de copo na mão*
> *Tentando afogar a Conceição*
> *No bar quem é triste vira herói*
> *Engana a cabeça, coração não dói.*

> *Horas depois, peguei o moço*
> *Chorando um colosso a solidão*
> *Amor que se afoga num boteco é xaveco*
> *O Zé não esquece a Conceição.*

E não adiantou ele se afogar na bebida coisíssima nenhuma. Foi mais uma lição que eu assimilei com muita humildade e procurei aplicar na minha vida. A gente não deve cantar vitória antes do tempo, principalmente quando o assunto é mulher.

14 · Eurídice no Jardel

Depois do sucesso de *Esputinique do morro*, o "Teatrinho" Jardel virou praticamente minha casa. Eu musicava outras peças e estava sempre por lá. Um dia, cheguei ao teatro à tarde para falar com o Geysa Boscoli. Ele trabalhava num escritório, no fundo do teatro, e eu bati lá. Mas ele não estava. Como tinha uma matinê de quinta-feira em cartaz, resolvi ficar para assistir ao espetáculo. Era *As mãos de Eurídice*, com texto do Pedro Bloch. Uma peça dramática, que o ator Rodolfo Mayer representou por mais de 20 anos, totalizando a incrível marca de mais de quatro mil apresentações. Nessa tarde, o Rodolfo descia na plateia para fazer uma cena. Eu sempre fui meio desligado e entrei na plateia justamente nessa hora. Quando o Rodolfo me viu chegando, ele foi a minha direção feito um louco gritando: "Eurídice? Onde está?" Eu pensei que era um louco ali e saí correndo, descendo as escadas do teatro achando que era comigo. E ele, para sugestionar melhor o público, foi descendo as escadas comigo e berrando: "Foi você! Você sabe! Eurídice!", e eu gritava desesperado: "Eu não sei de nada!"

15 · Faculdade de vedetes

Eu já fazia as minhas noitadas e era bem boêmio quando entrei para a faculdade que ficava no Catete. O prédio velho está lá até hoje. Primeiro, foi UEG [Universidade do Estado da Guanabara]. Depois passou a se chamar UERJ [Universidade do Estado do Rio de Janeiro]. Às vezes, eu ficava à noite toda com uma vedete do teatro. Eu sempre dei certa sorte, embora pequenininho, não negava fogo. Como se diz na gíria, eu sempre fui espada. De vez em quando, eu passava a noite com uma figura dessas. E, inocentemente, de manhã, convidava as meninas para irem à aula comigo. Afinal, a faculdade de direito era um espaço aberto e livre. Muitos artistas frequentavam as aulas, como Carlos José, Geraldo Vandré e Sueli Franco. Todos colegas meus. Dentro desse espírito, às vezes eu levava uma vedete à faculdade de direito. E elas iam com aqueles sapatos altos e as tradicionais meias arrastões. E, muito naturalmente, eu entrava com alguma delas, que ficava sentada no corredor enquanto eu assistia às aulas. Eu me lembro do burburinho que isso causava no prédio. Uma vez, fui chamado pelo reitor, o doutor Ary Franco. Ele chegou para mim e me perguntou qual era a graça em ir a faculdade com uma moça de teatro. E eu disse que não achava graça nenhuma. "A vida é isso, não é? A moça é minha namorada, mas se o senhor não quiser, eu não trago mais ela aqui…". O mais espantoso, que eu só soube muito tempo depois, é que o próprio reitor paquerava uma dessas vedetes enquanto eu assistia às aulas. Então, o negócio ficou meio esquisito. Só sei que acabei não levando mais ninguém para lá e me formei em direito mesmo sem vedete.

NA TELEVISÃO

Entrando no ar • *No tempo do* Times Square

Samba de branco • *Travecos em revista*

A Praça existe • Les Girls: *uma vitória*

Na frente das câmeras • *E o Rio deu samba*

A verdadeira história do "Bole-bole"

Mulata censurada • *Mulata borboleta*

O fazendeiro e a mulata

16 · (Entrando no ar)

No tempo do teatro de revista, eu já tinha minhas próprias músicas gravadas. Eu me lembro do ano que "Boato", "Gamação" e "Zé da Conceição" foram todas gravadas. Fui formando um repertório de balanço e comecei a ser procurado, também, pelo pessoal da televisão. O primeiro programa que fiz em série foi com uma pessoa que eu gostava muito, o Haroldo Eiras. Fiz uma temporada do programa *Ao Encontro da Música*, pela TV Continental. O Haroldo recebia os cantores e eu os acompanhava ao piano. Mas eu também mostrava minhas músicas... Afinal, eu não era bobo nem nada... Nessa ocasião, conheci o compositor e pianista Luiz Reis. Luiz foi um dos compositores que eu mais admirei na vida. Não estudou música, mas foi um mestre. Suas melodias são aulas de bom gosto e sensibilidade. Seu romantismo em "Nossos momentos" e "Meu nome é ninguém" se aliam ao balanço inesquecível de "Moeda quebrada" e "Palhaçada". Tive a honra de ser seu amigo e tocar piano a quatro mãos pelas esquinas da vida e pelas noites estreladas. O fato é que nos entrosamos muito bem... Um dia, o Luiz me falou que o seu parceiro Haroldo Barbosa foi contratado pela TV Excelsior e que estavam procurando outros compositores para trabalhar por lá. Fazer aberturas, vinhetas e trilhas de programas. Ele me perguntou se eu topava. "Mas é claro!" Eu já estava habituado a fazer isso em teatro, então, fazer para a televisão era só mais um passo. Quem sabe, a gente não seria contratado por lá? E fomos naquela tarde à TV Excelsior. De cara, encontramos com o Haroldo Barbosa que logo nos encaminhou ao diretor da emissora. Era o Miguel Gustavo, outro grande compositor, autor de grandes sucessos e uma penca de *jingles* que ainda estão na cabeça de muita gente. E sentamos para conversar com o Miguel. Ele já tinha a ideia diferente, de chamar compositores para fazerem músicas para a televisão. E nós ficamos ali meio sem jeito, nos oferecendo para pegar aquele trabalho que tinha a nossa cara. E o Miguel abreviou o assunto nos perguntando se gostaríamos de ser contratados da emissora. "Ah, que

pergunta, Miguel! Claro que sim!" E ele olhou para nós dois e perguntou se poderíamos falar de dinheiro. Aí, eu disse, muito sem jeito, que não sabia falar de dinheiro. Então, ele falou: "Eu também não sei, não! Olha pra cá!". E fez um número duzentos no papel que estava em cima da mesa dele e tascou um círculo em volta. "Tá bom?" E eu disse: "Tá ótimo! Não tá bom, não, Miguel. Tá ótimo!" E fomos tomar tudo isso em chope porque naquele tempo, eu era mais valente. E saímos de lá contratados.

17 · No tempo do *Times Square*

Na TV Excelsior, já muito bem contratado, eu fui chamado para fazer pequenos trabalhos. Até que um dia, me chamaram para ir à casa do Chico Anysio, que também trabalhava lá e começou a me dar uns quadros para eu musicar. Isso, para mim, era fácil porque no teatro eu já fazia esse trabalho desde o *Esputinique do morro* e depois para espetáculos escritos pelo Millôr Fernandes, o Gastão Tojeiro e o Sady Cabral. Na TV, eu comecei a musicar muitos quadros para um tipo de programa muito gostoso que se chamava "musical humorístico". Os atores cantavam, dançavam, faziam coreografias e depois diziam o texto. Esse estilo de programa foi um embrião do que hoje se faz com o nome de "comédia musicada". Tudo isso aconteceu no início da TV Excelsior. E foi assim que nasceu um programa chamado *Times Square*. Nasceu na casa do Chico Anysio, que depois brigou com a Excelsior e foi para a TV Rio. Eu também fui. Mas antes, trabalhei muito nos quadros desse programa que era dirigido pelo Carlos Manga. O *Times Square* tinha todos os requintes de um grande show. Era gravado no Teatro Excelsior, em Ipanema, com uma plateia enorme, gente que ia lá porque a televisão ainda era em preto e branco, e o *Times Square* era um espetáculo muito rico em termos de cores. E o teatro ficava apinhado de gente para ver o *Times Square* ao vivo e em cores. Eu me lembro de quadros os quais musiquei que ficaram na minha cabeça, como "Os gângsters", "As garotas do pensionato" e "As aeromoças". Foi o meu batismo na TV, como no teatro foi com o *Esputinique do morro*. O *Times Square* foi uma escola e dava muita audiência, tanto que o Manga me convidou para musicar outro programa, o *My Fair Show*. E eu musiquei todos os quadros, como o "Babydoll" e "O que será do bebê quando crescer?". Aí já era outra equipe, com os craques Maurício Sherman e Max Nunes. E por aí, eu fui fazendo televisão.

18 · Samba de branco

De tudo o que musiquei, o que mais me marcou (e tenho certeza que ao público também) foi o "Samba de branco". Esse quadro envolvia um número maior de atores e era uma sátira aos novos ritmos que surgiam na época: o *hully gully*, o *cha-cha-cha*, o *twiste* e o balanço. "Samba de branco" soava como uma crítica social na época. As piadas eram rápidas e secas. Haroldo Barbosa e Meira Guimarães escreviam e intercalavam as músicas desse quadro. Havia uma entrada exclusiva para os homens. Depois, as atrizes entravam. Uma entrada representava o *cha-cha-cha*, a outra o *hully gully* e o *twiste*, e a última era o samba de balanço. Nesse número estavam envolvidos os atores Daniel Filho, Dorinha Duval, Amilton Ferreira, Iza Rodrigues, Waldir Maia, Zélia Hoffman, Paulo Celestino e a esposa do Colé, Lilian Fernandes. E o quadro fechava quando todo o mundo dizia em uníssono: "Xi, lá vem crioulo...". Era a deixa para a entrada do Grande Otelo e da Aizita Nascimento. Esse quadro foi, realmente, um marco na televisão brasileira. Pela primeira vez se produziu um número mais extenso, com a partitura autêntica, que eu fiz especialmente para o quadro, um texto muito conciso só para colorir a parte musical e uma coreografia espetacular. "Samba de branco" teve uma vida relativamente pequena. Pouco tempo depois, a TV Excelsior fechou as portas. Mas mesmo assim foi um quadro muito representado em outras ocasiões. A RCA fez um *long play* com a trilha sonora do *Times Square* e o final era justamente o número integral de "Samba de branco", com todas as vozes dos cantores. O Silvio Santos, por exemplo, fazia o "Samba de branco" representado só por crianças. Eu só tenho pena de não existir nenhum registro em filme ou vídeo do "Samba de branco". Ele foi montado várias vezes, mas eu não me esqueço do original. É uma saudade que existe dentro de mim.

19 · Travecos em revista

Eu estava com um amigo, o doutor Renato, no meu apartamento da Aires Saldanha, em Copacabana. De repente, o porteiro avisa que a dona Sônia, uma amiga minha, estava lá embaixo. Ela foi ao meu apartamento para se refugiar. Estava com o rosto todo machucado. Tinha sido agredida dentro de casa por um cabeleireiro que tentou abusar dela. Ela não cedeu e eles foram para luta. Lamentei muito o episódio, mas o Renato, que era advogado e com o instinto à flor da pele, propôs que fôssemos prender esse tal cabeleireiro. "Eu sei que ele mora na Lapa", disse a Sônia. A Lapa, nesse tempo, não tinha a fama que tem hoje. Só sei que em menos de meia hora já tinha um carro da radiopatrulha na minha porta. Eu não queria me envolver muito naquilo, mas o Renato tanto insistiu que descemos os três e entramos no carro. Chegando ao endereço do tal cabeleireiro, uma cabeça de porco perto do restaurante Cosmopolita, entramos no prédio com a polícia. Porque ninguém era louco de entrar lá sozinho. Aí, os vizinhos disseram que o tal cabeleireiro era um travesti que trabalhava ali do lado, no Cabaré Casa Nova, e seu nome era Vera. Para ele ter atacado ela assim, dessa forma, só pode ter dado um raio de homem nele. Chegando ao tal Cabaré, eu tive uma baita surpresa: no palco da boate estava sendo encenado por um bando de travestis nada mais, nada menos, que a minha música "Samba de branco". Era muito comum, nessa época, grupos fazerem apresentações usando a gravação do disco do *Times Square*, reproduzindo o esquete que era apresentado na televisão. Diante desse quadro, o sargento perguntou quem era a tal Vera e foi logo atrás dela dando voz de prisão. Mas aí eu não me contive e gritei: "Não, para! Eu quero ouvir isso aí! Essa música é minha e eu quero ouvir até o final!". O sargento, já invocado comigo, me falou: "Pô, tá defendendo esse veado?" E eu só querendo ouvir o número até o final. Queria ver como seria a entrada feita pelo Grande Otelo, que era como terminava o número na televisão. E não é que entrou lá um pretinho muito jeitoso representando o Grande Otelo e a Aizita cantando a música "Risoleta"? Quando o espetáculo terminou, fomos até o camarim. Descobrimos quem era a tal Vera. Meteram ela (ou ele) num camburão e acabamos com aquela história toda. Fomos à delegacia e o cara foi preso. Mas, de quebra nessa noite tão conturbada, eu assisti a um dos espetáculos mais curiosos da minha vida e que eu mesmo tinha musicado.

20 · A Praça existe

Os programas na TV Excelsior fizeram muito sucesso na época. E por causa dos quadros musicados por mim, a TV Rio me chamou para trabalhar com eles. E fui trabalhar num programa chamado *Praça Onze*, que também deu muita audiência. Por coincidência, também começou na casa do Chico Anysio. Foi lá que criamos todas as músicas desse programa, inclusive o "Rancho da Praça Onze", que era uma versão. A música original dessa marcha-rancho foi feita por mim quando eu ainda estava na faculdade. Era para uma burleta, uma opereta meio disfarçada, do Geysa Boscoli e de um cara que eu considerava um gênio, o Jararaca. Eu nunca vi ninguém improvisar tão bem como ele. O Jararaca também é autor de "Mamãe, eu quero" junto com o Vicente Paiva, meus futuros colegas de carnaval. Mas isso é outra história. Essa burleta se chamava "Porque me ufano de Bananal" e foi encenada no Teatro do Catete, onde hoje é o Cacilda Becker. No final da peça, essa marcha-rancho era cantada assim:

> *Esta é Bananal do Pinto Manso*
> *E de exaltar eu não me canso*
> *Terra boa porque*
> *Vamos... O Bananal fica tão perto*
> *E espera de braços abertos*
> *Uma visita de você.*

Eu tive a honra de ter essa música cantada pela Araci Cortes, que andava afastada do teatro, mas o Geysa a trouxe de volta nessa peça. Araci Cortes foi um mito do teatro musicado brasileiro. Depois, ela voltaria também ao espetáculo *Rosa de Ouro*, do Hermínio Bello de Carvalho, mas só como cantora.

Quando eu estava na casa do Chico Anysio musicando o programa *Praça Onze*, com aqueles quadros todos, faltava ainda um final. Aí, eu disse para o

Chico que me lembrava do desfecho da revista que eu havia feito muitos anos atrás. "É uma marcha-rancho que, na segunda parte, dá uma virada para uma marcha mais rápida. Eu acho que para o palco isso vai funcionar." E eu toquei para ele, que adorou a música. "Taí o nosso final!" Então, fizemos outra letra juntos e virou o "Rancho da Praça Onze":

Esta é a Praça Onze tão querida
Do carnaval à própria vida
Tudo é sempre carnaval
Vamos... Ver desta Praça a poesia
E sempre em tom de alegria
Fazê-la internacional.

A Praça existe alegre ou triste
Em nossa imaginação
A Praça é nossa e como é nossa
No Rio quatrocentão.

Este é o meu Rio boa-praça
Simbolizando nesta Praça
Tantas praças que ele tem
Vamos da zona norte à zona sul
Deixar a vida toda azul
Mostrar da vida o que faz bem
Praça Onze, Praça Onze!

Dalva de Oliveira foi escalada para cantar, pela primeira vez, essa música quando o programa foi ao ar. Mas como ela não se sentiu muito bem nesse dia, quem cantou foi sua futura nora, Luciene Franco, que era noiva do assistente de produção Bily, o Ubiratan Martins. No programa seguinte, Dalva foi lá e mandou ver. E a cada semana um cantor interpretava essa música no encerramento do programa. Aí, o Ubiratan chegou um dia para mim e me perguntou se a mãe dele poderia gravá-la. "Isso é pergunta que se faça, Bily? Claro que pode!" E foi assim que o "Rancho da Praça Onze" foi parar na voz de Dalva de Oliveira. E sua interpretação ajudou muito a música a se transformar num sucesso e a confirmar que o meu trabalho na televisão estava dando muito certo. E depois de passar pela Excelsior e pela TV Rio, sempre musicando quadros, eu fui por aí, me envolvendo sempre com muitos autores e trabalhando do meu jeito. Minha vida sempre foi muito dentro desse clima, com muitas produções fortes na televisão brasileira. Algum tempo depois, me tornei apresentador. Mas aí já é outra história.

21 • *Les Girls:* uma vitória

Eu estava firme na TV Rio, com uma equipe de primeira. Junto comigo trabalhavam o Meira Guimarães nos textos, o Luiz Haroldo dirigindo os programas, o Djalma Brasil nas coreografias e o Viriato Ferreira nos figurinos. Éramos os responsáveis pela realização de todos os programas musicais humorísticos da emissora. Nessa época, Rogéria, a consagrada atriz de teatro e televisão, ainda era maquiadora da TV Rio. Um dia, ela convidou toda a equipe para participar de um show que ela e um grupo de artistas queriam apresentar numa boate. Rogéria queria um show no estilo dos musicais que fazíamos na televisão. Aceitamos o convite e começamos a trabalhar no show *Les Girls*, nome dado pelo Meira, que estreou meses depois na boate Sótão, na galeria Alaska, em Copacabana. A estreia foi um sucesso! No elenco, além da talentosa Rogéria, brilharam Valéria, Marqueza, Brigite de Búzios, Manon, Carminha, Jean Jacques e os atores Jardel Melo, que fazia um psicanalista, e Jerry de Marco, na pele de um enfermeiro. Na estreia foram delirantemente aplaudidos por uma plateia bastante eclética, em que figuravam pessoas da alta sociedade, artistas de cinema e de teatro, além do público em geral. O show obteve tanto sucesso que o elenco partiu para uma turnê que incluía São Paulo e vários estados do Nordeste. Em 1966, *Les Girls* voltou ao Rio, ao Teatro Dulcina, com o nome *Les Girls em Op Art*, com novo elenco liderado por Jane Di Castro. O sucesso continuou e o show ficou oito meses em cartaz. Um espetáculo com tanta classe e qualidade que levou a censura a aprovar o show sem fazer um único corte. Uma façanha naqueles tenebrosos anos de ditadura. Foi o primeiro espetáculo de travestis liberado pela censura.

Um dos maiores orgulhos em minha carreira de compositor é ter musicado esse show. Sempre dei muito valor ao trabalho daqueles travestis, que não deviam nada às artistas da televisão, que na mesma época se apresentavam nos programas *Times Square*, *Praça Onze* e *My Fair Show*. Por certo, elas inspiraram Rogéria a nos encomendar *Les Girls*. Vitória da arte contra o preconceito e a caretice que ainda andam por aí.

22 · Na frente das câmeras

No quarto centenário do Rio de Janeiro, eu compus uma música para a minha cidade, o "Rancho do Rio":

Foi Estácio de Sá quem fundou
E São Sebastião abençoou
Rio é quatrocentão
Mas é um broto no meu coração
Eu falo assim porque Rio
Eu conheço você
Com essa idade que o bom Deus lhe deu
Para cantar e para amar
Você está mais broto do que eu!
Você está mais broto do que eu!

Os 400 anos do Rio foram muito comemorados o ano todo. E nas duas datas, é claro! Porque carioca adora comemorar, principalmente, o aniversário da sua cidade. O "Rancho do Rio" fez bastante sucesso. Já o "Rancho da Praça Onze" estourava na televisão com a gravação de Dalva de Oliveira. Tanto que foi considerada pela Secretaria de Turismo a música mais bonita do quarto centenário. Como o aniversário da cidade é comemorado no início do ano, logo juntou com o carnaval e aí a coisa esquentou para mim. Como se não bastasse, ganhei o concurso de carnaval do Chacrinha com as marchinhas "Mulata iê-iê-iê" e "Joga chave, meu amor!". Só nesse ano foram quatro grandes sucessos na praça. Um dia, o Walter Clark, diretor da TV Rio, chegou para mim e comentou sobre todo aquele sucesso que eu estava vivendo. "Kelly, o público quer te conhecer. Eu acho que já é a hora de você aparecer." Eu ainda era jovem, vinte e poucos anos, e tinha medo de fazer uma coisa que nunca havia feito. Era um homem dos bastidores e me entendia bem atrás das câmeras. Era o meu ambiente e onde eu me sentia protegido. Mas o Walter insistiu tanto, que eu fui. Tomei coragem e apresentei o programa *Musikelly*. O formato era bem simples. Eu ao piano acompanhado pela Orquestra Tabajara, o que eu já fazia com facilidade. Eu apresentava também os cantores que iam lá. Era aquele tipo de show que tem um mestre de cerimônia, um dono que traz os seus convidados. E eu batia um papo gostoso com eles e apresentava os números musicais. E assim fui aprendendo a me comportar diante das câmeras.

23 · E o Rio deu samba

Eu estava afastado da televisão por mais de um ano. Um problema no pulmão me deixou no "estaleiro" por um tempo. Quando voltei, quis fazer uma coisa diferente. Fui jogar com a sorte porque justamente nessa época estava em moda esse negócio de show de mulata. O Sargentelli e o Ivon Curi já faziam isso. O samba ganhava mais força nesse momento e a mulata estava em alta. E eu sempre tive intimidade com esse tema, até mais do que essa turma que já estava por aí. Eu era autor de música de mulata, a "Mulata iê-iê-iê". Tinha mulata minha também na TV, como a Aizita Nascimento do quadro "Samba de branco". A mulata, para mim, não era segredo, mas percebi que era uma novidade naquele momento. Então, tive a ideia de fazer na televisão o que esses caras estavam fazendo na noite. Um show de samba, mas que tivesse mulatas bonitas também. Junto com o Carlos Gonçalves, o Carlinhos, meu amigo e homem de televisão, resolvi investir nessa ideia. Começamos num formato pequeno. Fomos à TV Rio, que estava nas últimas e ficava no Panorama Palace Hotel, em Ipanema. Como todos por lá me conheciam muito bem ficou fácil convencê-los a fazer o programa. E assim começou o programa *Rio dá Samba*, muito humilde, mas já fazendo o que eu queria. O *décor* todo de mulatas e um mergulho cultural nas raízes do samba. E eu, baixinho com aquelas mulatas todas em volta, fazia um contraste que chamava atenção. Na televisão, o primeiro que fez isso fui eu e acho que fui o único. Comecei a levar figuras como o Jamelão, Pelado da Mangueira, Gracia do Salgueiro, entre muitos outros que participavam do programa aos sábados. E quando as coisas dão certo mesmo não há nada que possa impedir. O Marcos Vieira, dono da agência de publicidade Focus, tinha a conta da Caderneta de Poupança Morada e via sempre o meu programa. Ele insistiu que eu me apresentasse numa grande festa de fim de ano promovida pelo banco. "Leva esse seu pessoal pra fazer o show lá!" E eu levei. Um grupo de ritmistas, passistas e as mulatas. E não deu outra! A Caderneta entrou com todo o patrocínio do programa. Mas como a TV Rio estava mesmo muito mal das pernas, fomos fazer o *Rio dá Samba* na TV Tupi. Aí, o programa deslanchou. Fez muito sucesso e ganhou várias vezes da TV Globo naquele horário. Nós, com o *Rio dá Samba*, e a Globo com o *Esporte Espetacular*. Depois, já na TV Bandeirantes, eu contava com o Jamelão em todos os programas e lancei o Neguinho da Beija-Flor, que chegou ao programa como "Neguinho da Vala". E havia muitos outros, como o Genaro da Bahia, Xangô da Mangueira e Clementina de Jesus que cantava muito lá. Também passaram pelo programa os representantes das escolas de samba, um grupo que foi ficando cada vez mais unido e estruturado. De certa forma, o *Rio dá Samba* também contribuiu com a mudança das agremiações. E eu fui percebendo, pouco a pouco, que as escolas estavam se organizando e se preparando para transformar o carnaval em espetáculo. E foi exatamente isso o que aconteceu.

24 • A verdadeira história do "Bole-bole"

No início do programa *Rio dá Samba*, ainda no tempo da dureza da TV Rio, eu chamava as mulatas para sambarem e os ritmistas atacavam com tudo na percussão. E as mulatas entravam sambando bem aceleradas nesse tempo quente. Eu não achava muita graça nisso, que era como o Sargentelli fazia lá nos shows dele e como faziam nas escolas de samba. Quer dizer, não é que eu não achasse graça em ver uma mulata sambando, isso nunca! Mas eu achava que elas poderiam render muito mais. E foi aí que entrou o meu lado de compositor para teatro. Eu queria fazer uma música em que o operador de câmera pudesse tirar o foco do pé da mulata. Porque na TV, quando a batucada come solta, é só pé. A câmera levanta até um pouquinho, mas volta logo para o pé da mulata. Aí, pensei que se a música fosse mais lenta, eu poderia fazer a mulata gingar com o corpo todo e não somente com o pé. Então, fiz uma mistura de samba com o ritmo do merengue e assim nasceu o "Bole-bole". Foi da necessidade de mostrar a mulata de corpo inteiro e fazendo o que ela sabe fazer. Porque ela diz bem no pé, mas também tem um remelexo, um rebolado que mulher nenhuma no mundo tem. E fiz a câmera levantar um pouquinho mais do pé e subir mais para a mulata. E a letra da música já falava de tudo isso, apresentando a dança de uma forma simples e extremamente concisa. Uma vez, o grande intérprete Miltinho se preparava para cantar o "Bole-bole" e me pediu para eu passar a letra com ele. Enquanto eu falava os poucos versos da música, ele muito concentrado ia anotando no seu papelzinho:

Gatinha que dança é essa
Que deixa o corpo todo mole
É uma dança nova que bole, bole, que bole, bole
Bole, bole, bole, gatinha!

No final, o Miltinho, muito a seu jeito, falou assim para mim: "Tá bom, tá bom... Agora diz a letra aí, Kelly!"

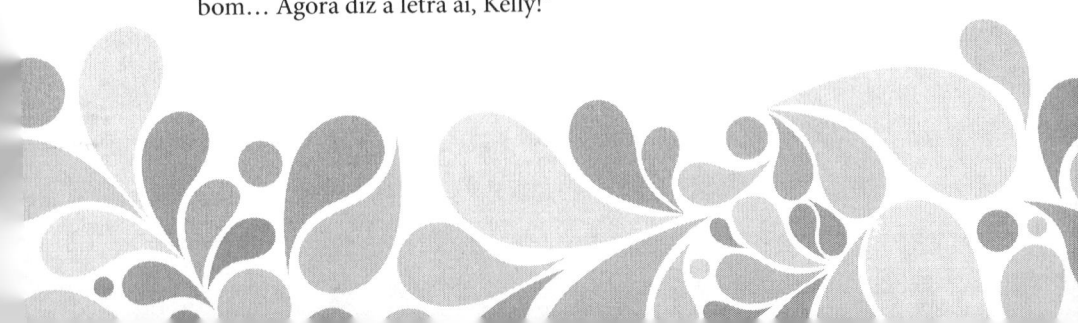

25 · Mulata censurada

As mulatas do *Rio dá Samba* usavam biquinis bem sumários, mas nada que atentasse contra o pudor de ninguém. Com a dança do "Bole-bole", elas passaram a mostrar todo o gingado de frente e também de costas com as peças bastante cavadas. Isso causou um pouco de perturbação aos orgãos de censura daquela época, em plena ditadura militar. E uma censora, uma senhora muito conservadora, passou a acompanhar as transmissões dos nossos programas. Uma vez, a parte de cima do biquini de uma das mulheres deixou os seios à mostra. Era a modelo Adele Fátima, que se tornaria muito famosa como a mulata de "Sardinhas 88". E a censora, que acompanhava tudo aquilo com muita repulsa, subiu ao palco e mandou parar imediatamente a gravação. "Isto aqui está muito imoral. Esta aqui está mostrando os peitos. Com quem eu me entendo aqui?" O produtor do programa era o eficiente Carlinhos. Era um tipo inesquecível que raspava toda a cabeça, muito bem-humorado e debochado. Ele foi ao palco para se entender com a censora. "Pois não, minha senhora, em que posso ajudar?" A censora falou logo que iria passar o programa para as 11 da noite. Aquilo seria a morte para nós porque o programa era transmitido à tarde e dava audiência pra chuchu naquele horário. O Carlinhos tentou contornar a situação, mas a censora estava irredutível. "Eu vou passar para mais tarde e pronto! Ou então, vocês troquem a roupa dessas mulatas imediatamente por um maiô descente." Ocorre que na emissora não havia desses maiôs inteiros. Ainda faltava meia hora para o programa ir ao ar. E o Carlinhos, com sua tradicional ironia, chamou o sujeito do guarda roupa. "Chiquinho, coloque essas moças todas com vestido de baile. Fechado até os pés para atender aqui a doutora!" A censora arregalou os olhos e não pensou duas vezes antes de decretar ordem de prisão para o Carlinhos. Nessa época, ninguém podia debochar da censura federal, ainda mais no regime de exceção. "O senhor está preso!", disse ela. Mas o Carlinhos alegou que não podia ir em cana só porque pediu vestido de baile para as mulatas. Aí foi uma risada geral... A censora ficou sem graça e o Carlinhos permaneceu firme na posição dele. "Nós vamos fazer o programa de hoje com todas as moças de vestido de baile!" Em meio a essa confusão, descobriram uns maiôs mais decentes e convenceram a censora de que naquele dia os biquinis seriam trocados. O programa entrou meio desfalcado, só com a metade das mulatas, porque não tinha maiô para todas usarem. E no final, tudo acabou em samba.

26 · Mulata borboleta

Com o *Rio dá Samba*, tive a oportunidade de excursionar por muitos estados do Brasil. A Caderneta de Poupança Morada também patrocinava os shows fora da televisão. Fizeram até uma promoção nas agências: a pessoa que abrisse uma conta tinha direito a ir ao show. Quando a apresentação era fora da cidade do Rio de Janeiro, os contratos eram feitos diretamente com as prefeituras. Uma vez, fomos contratados para fazer um show numa cidade onde o prefeito era um sujeito meio bronco. No dia da apresentação, ele foi esperar o ônibus que levava a equipe do *Rio dá Samba*. O prefeito estava, evidentemente, de olho nas mulatas, que era o que sempre acontecia. Quando o ônibus chegou, deixei todo o mundo descer e saí por último com a Graça Maria, a produtora do show. Assim que desci do ônibus, o prefeito veio falar comigo com um ar de bronca: "Escuta, Kelly, e as mulatas? Cadê as mulatas do "Bole-bole"?" Afinal, era o que interessava para ele. Eu fiquei assustado porque elas já tinham descido do ônibus e acabado de passar por ele. "Não! Eu vi passar por aqui umas moças, mas não podem ser as mulatas do "Bole-bole"! Aqueles monumentos, aquela coisa toda…" Ficou aquela saia justa que poderia acabar até muito mal. Foi aí que a Graça Maria falou uma coisa que eu achei genial. "Prefeito, mulata é que nem lagarto. Quem passou por aqui foi o lagarto. Mas a mulata quando bota a maquiagem, se enche de brilho e põe o corpo de fora, vira borboleta. E o senhor só viu o lagarto, a borboleta é só lá no show, tá?"

27 • O fazendeiro e a mulata

Numa outra viagem, fomos a Itaocara, que é um município no norte fluminense. Local de fazenda, boi, fazendeiros e muito dinheiro também. Nos shows, eu me apresentava como na televisão, mas com um grupo reduzido de mulatas e partideiros. Durante a apresentação, um fazendeiro ficou de olho numa das mulatas. E toda vez que ela passava sambando, ele dizia algum gracejo para ela. O show estava quase terminando, já no número do "Bole-bole", quando ele não se conteve. Ele se levantou e, num ato heróico, disse para ela: "Eu te dou um boi para você dormir aqui comigo!" Eu engoli seco, mas ela respondeu na lata: "Dá esse boi pra sua mãe que isso eu não quero!" Foi uma bagunça geral com todos aqueles fazendeiros se pegando e quase acabando em invasão de palco. Eu tinha um segurança (que depois se tornou meu compadre), o Vanderlei, que me tirou no braço pelo alto porque o couro estava comendo. Não sei como que as mulatas se safaram. E o fazendeiro não deu boi nenhum. A garota voltou firme para o Rio no ônibus e o tal fazendeiro ficou chupando o dedo.

MARCHINHAS

Cabeleira do Zezé

Uma surpresa no Municipal

Mulata iê-iê-iê • *Colombina, aonde vai você?*

Quem é a "Maria Sapatão"?

Joga a chave, meu amor • *"Israel" dá samba*

Marchinha do Ibope • *Um sonho, uma viagem*

Receita de marchinha

28 · Cabeleira do Zezé

É difícil para um pai de muitos filhos dizer de quem ele gosta mais. A gente fica meio sem graça e, em geral, responde que gosta de todos. Eu sou pai de muitas músicas e falo sem o menor pudor que a minha preferida é "Cabeleira do Zezé". Por quê? Porque "Cabeleira do Zezé" não só foi o meu primeiro grande sucesso, como também foi a minha descoberta da marchinha de carnaval. Antes dela, eu não era autor de marchinhas. Quando fiz "Cabeleira do Zezé", eu compunha (principalmente) sambas de balanço e vivia ocupado quase que 24 horas por dia dentro da TV Excelsior compondo trilhas, vinhetas e músicas para programas. Minha cabeça era muito mais voltada para essas coisas. E parece que "Cabeleira do Zezé" veio me dizer que eu podia fazer uma marchinha diferente com um jeito especial.

"Cabeleira do Zezé" nasceu num bar. Doce lugar para nascer uma música. Ficava na Princesa Izabel e era chamado de bar São Jorge. Quando terminava o meu trabalho na TV Excelsior, em Ipanema, eu ia para Copacabana e gostava desse barzinho. Tinha uma sinuca no fundo. Eu posso até arriscar, mas sou do tipo que tem medo de furar o pano e prefiro não jogar. Prefiro tomar minha cerveja e ver meus amigos. Perto do bar, na esquina da avenida Atlântica, ficava a boate Fred's, onde era o hotel Méridien e hoje é o Windsor Atlântica. Tinha um posto de gasolina embaixo. Em cima era a boate Fred's, por isso diziam que embaixo se abastecia o carro e em cima o cliente. O Carlos Machado fez muitas peças por lá. E aquelas garotinhas do teatro iam pegar o ônibus no ponto que ficava bem em frente ao bar São Jorge. Isso era mais um atrativo pra gente. A cervejinha, os amigos e aquelas meninas bonitas do Fred's... Numa noite, cheguei lá e me sentei à minha mesa cativa. Aí chegou o garçom para me servir. Era bem exótico e parecia um dos Beatles, todo cabeludo. Era o ano de 1963 e homem com cabelo do ombro para baixo chamava muita atenção. E ele ainda usava um par de botinhas. Eu logo entendi que ele devia ser um fã dos Beatles. Porque esse quarteto não mudou somente a música do mundo inteiro, mas também os costumes de toda uma geração. E aquele garçom era o protótipo da influência dos Beatles no Brasil e um dos primeiros que vi por aqui. E ele chegava com a bandeja e servia todo o mundo, sempre muito comunicativo. Seu nome era José Antônio, o vulgo Zezé. Aí me veio aquele estalo! Não que eu não tivesse feito marchinhas ainda. Eu já fazia as minhas. Na peça *Esputinique do morro*, muitas músicas eram marchinhas de carnaval. E comecei a maturar outra na cabeça. Aí, o Zezé passou de novo e eu disse: "Vem cá, meu irmão! Se eu fosse um desenhista, ia fazer uma caricatura sua, mas como não sou, eu vou fazer uma música". E comecei ali mesmo na mesa:

Olha a cabeleira do Zezé
Será que ele é?
Será que ele é?

Será que ele é bossa-nova?
Será que ele é Maomé?
Parece que é transviado
Mas isso eu não sei se ele é.

Corta o cabelo dele!
Corta o cabelo dele!
Corta o cabelo dele!
Corta o cabelo dele!

E assim nasceu "Cabeleira do Zezé". Eu cantei a primeira parte ali mesmo e foi uma brincadeira geral com todo o mundo cantando junto. E a marchinha ficou na minha cabeça.

No dia seguinte, trabalhando na Excelsior, o Luiz Reis me convidou para dar uma passadinha na Rádio Nacional. Subimos e encontramos o Roberto Faissal, ator de radioteatro e meu futuro parceiro. "Escuta, João, você tem alguma música de carnaval aí?" O Roberto era um sujeito sério e tinha cara de tudo, menos de carnaval. Mas o que tem que acontecer acontece! "Eu sou muito amigo do Jorge Goulart e quero mostrar uma música pra ele". Aí, me lembrei de "Cabeleira do Zezé" e cantei para o Faissal, que ficou louco com a música. "Roberto, faz o que quiser com essa música. Pode trocar palavra, verso, o que você quiser. Isso aí é seu!" E ele realmente fez umas modificações na música e mostrou para o Jorge Goulart, que já era tarimbado nesse negócio de marchinha. E o Jorge quis gravar a música a qualquer custo. E lançou a marchinha. Eu não fui à gravação. Quem comandou tudo foi o Roberto. Os dois investiram nessa gravação e eu também por intermédio do meu editor. Mas não foi um disco independente. Foi faixa um do lado A do LP da Mocambo. Porque quando o João Araújo, o pai do Cazuza e diretor artístico da gravadora, ouviu "Cabeleira do Zezé", ele ficou louco e botou como abertura do disco. O resto é história.

29 • Uma surpresa no Municipal

Quando "Cabeleira do Zezé" foi lançada para o carnaval de 1964, eu estava muito ocupado trabalhando na Excelsior e não fazia a menor ideia do sucesso dessa música. Foi quando o diretor Carlos Manga me incluiu na equipe de transmissão do baile do Municipal em pleno carnaval. "Mas, Manga, o que eu vou fazer lá? Eu nem sou entrevistador!" Naquela época, eu ainda não aparecia na frente das câmeras. "Você vai botar seu *smoking* e vai. Só isso." Então, eu fui. Cheguei lá muito bem acompanhado pela minha colega de televisão Sônia Lancelotti. E fomos para o salão lotado, que é a plateia do teatro, só que sem as cadeiras. E a orquestra começou tocando "Cidade maravilhosa". Porque baile que não abre com "Cidade maravilhosa" não é um baile sério, não é? E aí, logo em seguida e para minha surpresa, tocou "Cabeleira do Zezé". Eu ainda não tinha ouvido a minha marchinha no salão. E quando tocou, o Municipal foi abaixo. Todo o mundo cantando nas frisas, nos camarotes e no salão, embaixo. "Sônia, não tô acreditando nisso!" Nem ela estava. "Agora, eu entendo por que o Manga me mandou vir pra cá..." E aí me entrevistaram com todo aquele papo que eu estava ganhando o carnaval e era o "rei do baile". E cada vez que a orquestra tocava "Cabeleira do Zezé", eu e Sônia corríamos para o bar. Nos bailes do Teatro Municipal, cerveja não era vendida, apenas whisky, que era muito caro, e champagne, um pouco mais barato. Então, nós fomos de champagne, brindando cada vez que tocava "Cabeleira". Só sei que naquele baile, "Cabeleira do Zezé" deve ter sido tocada umas trinta vezes e o prejuízo foi enorme. Lá pelas cinco da manhã, nosso dinheiro acabou e o pessoal da Excelsior já tinha ido embora. Voltamos do centro da cidade para Copacabana a pé. Sem dinheiro, a pé e felizes da vida.

30. Mulata iê-iê-iê

O bar da TV Rio era animadíssimo porque era o local onde a turma da emissora se encontrava depois do trabalho. O Frazão vivia por lá, junto com o Golias e o Chocolate também. Num domingo, eu estava lá com o Boni, que era diretor da casa, tomando aquela cervejinha quando a Emilinha chegou. Ela chegou com um grupo de garotos em volta dela. "Escuta, ano passado você ganhou o carnaval com o Jorge Goulart e sua 'Cabeleira do Zezé'. Você não tem nada pra mim, não?" É claro que eu tinha... Poucos dias antes, eu tinha escrito uma música em homenagem à Vera Lúcia Couto dos Santos, a primeira mulata a participar de um concurso de beleza nos anos 1960. Vera botou para quebrar e foi Miss Estado da Guanabara em 1964. Então, ali mesmo, eu ensinei a marchinha para Emilinha batendo na mesa. Em pouco tempo, todo o bar batucava e cantava aquele que seria outro grande sucesso: "Mulata iê-iê-iê". A Emilinha, o Boni, toda aquela *entourage* dela, até a Rogéria e a Valéria, que naquela época eram maquiadoras. Mas o Boni cismou que não era "iê-iê-iê", mas "*yeah yeah yeah*", com a pronúncia em inglês. "Não é 'iê-iê-iê', Kelly! É '*yeah yeah yeah*!'" O Boni sempre sabia de tudo e mais do que ninguém. E ele estava certo. "Não, Boni, é 'iê-iê-iê' mesmo." E ficou assim, com a minha teimosia. A Emilinha gravou e ganhamos o carnaval de 1965 com a "Mulata".

Outra história sobre essa música se passou com o maestro Radamés Gnattali. Eu marquei com o maestro lá no seu ponto preferido, o antigo Lucas, onde hoje é o Garota de Copacabana, para mostrar "Mulata iê-iê-iê". Foi ele quem fez o arranjo da música para o LP da CBS gravado pela Emilinha. E eu mostrei a música para ele assim:

> *Mulata bossa-nova*
> *Caiu no* hully gully
> *Pá-pá-pá-pá-pá-pá-pá-pá*
> *E só dá ela*
> *Iê-iê-iê-iê-iê-iê-iê-iê*
> *Na passarela.*

O maestro estranhou. "Pô, Kelly, mas esse 'pá-pá-pá-pá' todo aí vai ficar?" Mas essa é a batida de um velho tocador de bumbo. A graça da marchinha está toda aí e ela é fundamental. Aí é que está a sátira à batida do iê-iê-iê. "Mas, maestro, tá errado?" E ele me explicou que não se tratava de erro, mas que não caía bem. "Mas olha, maestro, mesmo que esteja errado vai ser assim. Não pode ser de outro jeito." E não é que a marca dessa marchinha, até hoje, é essa tal batidinha que o Radamés implicou e teve que orquestrar muito a contragosto?! E eu que trabalhava com ele lá na Excelsior, sempre brincava muito quando eu passava por ele depois que essa batidinha pegou. Quem era eu para falar assim com o Radamés? Mas quantas vezes eu encontrei com ele depois que eu ganhei o carnaval com a "Mulata" e só dizia assim: "Ô, Radamés: 'pá-pá-pá-pá-pá-pá-pá-pá!"

31 · Colombina, aonde vai você?

As minhas marchinhas, fruto de observação, sempre são sátiras de costumes. Isso vem desde lá de trás, de "Cabeleira do Zezé", como uma crítica à moda dos Beatles, passando pela "Mulata iê-iê-iê", que critica alguns padrões estéticos e sociais dos anos 1960. Com outra marchinha, "Colombina iê-iê-iê", eu fiz uma sátira à fase das discotecas. Tudo começou no restaurante Alcazar, em Copacabana. Eu tinha uma mesa cativa na parte de dentro, que era mais reservada. Todas as quintas, eu me reunia com amigos, como o Augusto Melo Pinto, o maestro Carlos Monteiro de Souza, o Munir Assuf e a Emilinha Borba. Muitas vezes quem também estava lá era o Ciro Monteiro. Lá era lugar para jogar conversa fora, bater papo e tomar nossa cervejinha, porque ninguém é de ferro! E quem era de whisky, tomava whisky. Quase sempre, ao lado da nossa mesa, se sentava um casal. Ele, um pouco mais velho, sempre de terno e gravata como era o costume naquela época. Notava-se que era um sujeito bem-posto. E ela, uma menina bem mais nova, com cara de levadinha. Eles não trocavam uma só palavra e ficavam olhando um para a cara do outro em silêncio o tempo todo. O Ciro, que era o maior gozador, dizia assim para mim: "Eu queria ver eles trepando! Também não devem dizer uma só palavra...". Num determinado momento, eles saíam e a gente os seguia com os olhos. Não para bisbilhotar, mas sem querer mesmo. Ela morava no edifício em frente ao Alcazar e eles subiam e tinham lá o colóquio de amor deles. Ele devia ser um homem casado, pelo que se podia deduzir. Até que foi chegando o carnaval e ali embaixo, onde era o restaurante Saint-Tropez, abriu uma discoteca que fervia todas as noites. E ela descia sozinha do apartamento, depois que ele ia embora. Porém, ela descia toda moderninha, num espírito totalmente diferente, como o garçom de "Cabeleira do Zezé". Toda serelepe, se juntava à garotada da rua e ia para discoteca do Saint-Tropez dançar o iê-iê-iê. Eu observei essa metamorfose e logo pensei em outra marchinha.

Era fim de ano e eu tinha combinado na Sadembra, que era minha sociedade arrecadadora de direitos autorais, de fazer uma parceria de carnaval com David Nasser. Jogada séria de sociedade autoral. E lá fui à casa dele para fazer umas músicas. De cara, fizemos "Linda mascarada", gravada pelo João Dias. Aí, eu cheguei para o David e disse que não queria ficar só nessa marcha-rancho. Eu tinha começado outro dia a fazer uma marchinha. Então, eu cantei a primeira parte e logo nós dois esboçamos a segunda. E ficou essa que todo o mundo conhece:

Colombina, aonde vai você?
Eu vou dançar o iê-iê-iê
A gangue só me chama de palhaço, palhaço
A minha colombina que é você
Só quer saber de iê-iê-iê.

Eu e David colocamos essa letra na primeira pessoa, como se fosse o homem do Alcazar cantando e com todo o mundo chamando o cara de palhaço. E fizemos isso na primeira parte também, com ele perguntado: "Colombina, aonde vai você?", e ela dando a resposta: "Eu vou dançar o iê-iê-iê!" Tanto que na gravação que lançou esta marchinha, o Roberto Audi faz a pergunta e um coro feminino responde. E assim nasceu a "Colombina iê-iê-iê".

32 • Quem é a "Maria Sapatão"?

Para uma boa marchinha, o grande negócio é ficar atento ao que acontece nas ruas. O resto é talento! Quando vieram os dois dedinhos para cima, fiz "Paz e amor". Sobre a camisinha, que sempre esteve por aí, compus logo "Bota a camisinha". E por aí vai... Eu sempre tenho uma motivação. Com "Maria Sapatão" não foi diferente. Eu era presidente da Riotur e, aos domingos, gostava de dar uma voltinha pelo calçadão para arejar um pouco a cabeça. Gostava muito de caminhar perto da rua Bolívar e depois almoçar na casa da minha mãe. Uma vez, ao chegar ao calçadão, encontrei uma moça que era conhecida como sapatão e estava iniciando a carreira como cantora. Ela já era rodada e experiente na vida. Ela estava de biquini e era bem bonitinha. "Se isso aí é sapatão...", pensei... Fiquei meio tonto e fui falar com a moça. Trocamos muitas ideias sobre a vida, a música... Porque a música aproxima as pessoas. "Você gosta da água?", ela perguntou. É claro que eu gostava. E fomos para a beiradinha, na arrebentação. Aí foi aquele negócio de ela pegando água do mar e jogando em mim, no meu rosto, e eu jogando nela também. Ela, com a cabeleira comprida, e o corpo bonito. Terminamos aquele encontro no calçadão tomando uma cervejinha e trocando telefones. Como eu havia marcado o almoço na casa da minha mãe, nos despedimos e ficamos de nos falar. Eu tinha uns quarenta anos e percebi que uma luz se acendia para mim. E fiquei naquela de ligar ou esperar que ela ligasse. Coisas da vida... Nesse mesmo domingo, fui à casa do Carlos Imperial levar um rolo de fita com um *jingle* que eu havia feito para uma empresa de São Paulo. E quando eu passei, à noite, numa travessa de Copacabana, a Cristiano Lacorte, vi três vultos se aproximando. Olhei mais de perto e percebi que o vulto do meio era ela, a tal cantora da praia. Estava completamente diferente! Com calça larga, gravatinha com as pontinhas caídas e camisa branca de homem. As três assim, abraçadinhas no mesmo passo. "Oi, Kelly, tudo bem? Toma um chope com a gente?" E eu recusei o convite, muito sem graça, dizendo que estava indo para casa de um colega entregar um trabalho. E aí, o meu castelo desmoronou completamente. Onde eu tinha me metido? Abandonei qualquer ideia de prosseguir aquela história. Acabou ali mesmo, na mesma hora. E o que ficou disso tudo foi a marchinha "Maria Sapatão", imortalizada pelo meu parceiro Chacrinha. Com certeza, uma das músicas que eu fiz com mais facilidade. Não tinha erro!

33 • Joga a chave, meu amor

A rua Carvalho de Mendonça fica no posto dois em Copacabana. No passado, era muito movimentada e com muitas boates. Era uma rua que não dormia. Havia muitos apartamentos com moças que faziam "programa". E a lenda que se conta é a seguinte. Um sujeito chegou do interior para o Rio e andava por Copacabana. Até que ele esbarrou com uma moça muito bonita e foi logo mexendo com a beldade porque moça bonita a gente não perde tempo. E ela, prontamente, foi solícita com ele e os dois saíram juntos. E foram fazer o que tinham de fazer quando dois jovens se encontram. E o rapaz ficou muito admirado daquilo tudo ter ocorrido tão bem, sem ele precisar fazer muito romance. Aí, ele quis saber onde ela morava. "Eu moro ali, na rua Carvalho de Mendonça." E foi levá-la em casa. A essa altura, ele já estava completamente apaixonado pela moça porque ela, provavelmente, usou de recursos de carinho que ele não estava habituado. E ele se despediu longamente dela na portaria do prédio. Ela subiu e apareceu na janela do apartamento. "Manda um beijo, meu amor!" E lá foi ela da janela mandar beijinhos para o rapaz. Aí, ele foi embora para o hotel. Mas quando ele chegou na avenida Nossa Senhora de Copacabana, se deu conta que estava totalmente apaixonado por aquela criatura e pensou até em levá-la para conhecer a família. "Eu não vou ficar nessa história aqui de me despedir, não! A moça é muito carinhosa e eu vou é voltar lá!" E voltou. Quando chegou na calçada do prédio, ele olhou para a janelinha do apartamento dela, que ainda estava acesa, e gritou: "Amor, eu quero subir aí! Preciso falar com você!" E disse a fatídica frase: "Joga a chave, meu amor!" E a lenda que se conta é que esse sujeito teria morrido soterrado pelas chaves jogadas por todas as mulheres daquele prédio da Carvalho de Mendonça. Daí, eu musiquei uma lenda e fiz outro grande sucesso: "Joga a chave, meu amor":

Joga a chave, meu amor!
Não chateia, por favor!

Vou bebendo pelaí
Vou sonhando com você.

34 • "Israel" dá samba

Eu trabalhava na comissão artística do Teatro Municipal quando o diretor era o José Mauro. E eu ia lá não só nos dias de reunião, mas também à tarde para colocar a conversa em dia com os amigos. Num dia desses, quem apareceu por lá foi Emilinha Borba. E com a mesma pergunta que me fez anos atrás, na época do "Mulata iê-iê-iê": "Kelly, o que você tem pro carnaval?" Eu não estava muito carnavalesco naquele ano. Eu andava mais erudito, respirando os ares do Municipal. "Mas você tem que ter alguma coisa, Kelly! Todos os anos você tem!" E ficamos naquele "tenho-não-tenho" que acabou quando entramos numa das salas de ensaios para tirar isso a limpo. "Toca aí uns negócios, Kelly!" E comecei a tocar uma melodia que estava me empolgando bastante. Era uma homenagem que eu tinha feito ao maestro Zubin Mehta. Eu tinha uma grande admiração por ele e tenho até hoje. É um maestro fantástico, regente da Filarmônica de Israel, e sou apaixonado pela maneira como ele trabalha a música. E fiz essa canção muito simples, lenta e pouco ritmada. Era uma das minhas poucas composições em quatro por quatro, diferente dos sambas e marchinhas que são em dois por quatro:

Israel
Israel
Uma canção, uma lágrima
Israel
Um violinista no telhado
Tocando a canção que vem do céu
Meu sentimento, minha saudade
Israel.

"Peraí, Kelly! Toca essa canção em ritmo de marcha", pediu Emilinha. Naquele tempo não se chamava marchinha, era marcha mesmo. E eu atendi ao pedido da Emilinha. E não deu outra. Naquele ano, ganhamos o carnaval no concurso da TV Tupi, no Canecão, com a marchinha "Israel".

35 · Marchinha do Ibope

Já falei que o Walter Clark inventou que eu era apresentador e bolou um programa para mim, o *Musikelly*. Acontece que numa ocasião, o programa começou a ter umas oscilações para baixo no Ibope. E o Walter, um senhor homem de televisão, disse para gente bater um papo com o Paulo Montenegro, diretor do Ibope e pai do Carlos Augusto. "Eu não sei o que é, Walter, o programa estava indo tão bem..." Mas o Walter era macaco velho e disse para eu não me preocupar. "Vamos marcar um chope no Castelinho amanhã de manhã com o Paulo." Castelinho era um bar em Ipanema, quase chegando no Arpoador, frequentadíssimo. Estava todo o mundo lá. O Paulo achou a ideia engraçada, mas topou. Ainda na TV Rio, o Walter me encomendou uma marchinha sobre o Ibope. Era uma crítica ao instituto muito bem endereçada, que eu compus naquele dia mesmo. Chegando ao Castelinho, o Walter me pediu que cantasse aquela música quando ele solicitasse. "E você acha que isso vai pegar bem, Walter?" Ele disse que a marchinha ia descontrair o papo, ficaria engraçado e para eu levar isso mais na brincadeira. Tomamos alguns chopes com o Paulo e, num determinado momento, o Walter me perguntou: "E aquela marchinha, Kelly? A nossa homenagem ao Ibope?" Aí, o Paulo ficou todo cheio de si. Imagine uma marchinha falando do Instituto feita por quem sabe das coisas? "É, Paulo, é uma homenagem nossa..." E ele ficou todo prosa. "Eu não mereço! Eu não mereço!" Aí, eu cantei a tal marchinha:

O Ibope nunca foi lá em casa
Para pesquisar
E quer que eu acredite nele
Quá-quá-quá-quá!

E o Paulo, de tanta raiva, quase quebrou o copo de chope em cima da mesa. E eu continuava cantando, enquanto o Walter ria de tudo. A nossa mesa começou a chamar atenção dos outros frequentadores e, a essa altura, o Paulo começou a ficar com uma baita vergonha. "Ô, Paulo", disse o Walter, "tá vendo essa marchinha aí? Dá uma ajuda aqui pro programa que essa letra morre aqui mesmo!" Só sei que depois desse dia o meu programa *Musikelly* voltou a pontuar bem no Ibope.

36 · Um sonho, uma viagem

Nem sempre a inspiração para uma boa marchinha vem das ruas. Uma vez, eu tive um sonho que acabou se transformando numa marcha. Sonhei que vivia num mundo ideal, sem discórdia, guerras, sem bombas, mísseis ou foguetes. No meu sonho, o valor do dinheiro era trocado pelo valor de um sorriso. Fiquei com aquele sonho na cabeça e resolvi fazer dele uma fantasia. Comecei a criar uma história em que eu era o capitão de um barco de papel que navegava num mar de mel a procura desse mundo ideal. E nasceu mais uma marcha, dessa vez, mais longa e sem nenhuma pretensão carnavalesca. Os versos estão aí:

Sonhei que eu navegava
Sobre um mar de mel
Eu era o capitão
De um barco de papel
Eu procurava terras
Com praias de algodão
Sem índios e sem guerras,
Sem balas de canhão
O vento era perfume
De rosas da manhã
O sol, uma laranja
Com nuvens de hortelã
Gamei pela viagem
E aquela fantasia
Até papai Walt Disney
Com certeza assinaria.

Vem cá, meu bem
Vou te contar

Num barco de papel
Nós vamos viajar
Pode esperar
Vou te levar
Benzinho no primeiro
Sonho que eu sonhar.

A terra era uma ilha
Eis, que de repente
Bonecas de açúcar
Falavam com a gente
A terra era um sonho
E a vida um brinquedo
Brinquedo de criança
Sem ódio e sem medo
A terra tinha tudo
Que tem um paraíso
E tudo só custava
Apenas um sorriso
Saímos aprendendo
Dali uma lição:
Não fosse o dinheiro
Não havia guerra, não.

Dediquei essa composição à Lucia, minha filha, que naquela época tinha onze anos de idade. Ela e a prima, Maria Clara, filha de meu irmão Fernando, cantavam juntas a canção em todas as festinhas da família, o que me emocionava muito, pois me lembrava dos almoços na casa do meu tio, quando eu e Fernando éramos a atração principal.

37 · Receita de marchinha

Qual o segredo de uma boa marchinha? Essa é uma pergunta que as pessoas sempre me fazem. É difícil saber. O sucesso é algo muito complicado e depende de uma porção de fatores. Antes de mais nada, vale observar umas marchinhas de sucesso. Por exemplo: "Mamãe, eu quero", esse estouro do Vicente Paiva e do Jararaca:

Mamãe, eu quero
Mamãe, eu quero
Mamãe, eu quero mamar
Me dá chupeta
Me dá chupeta
Me dá chupeta pro bebê não chorar.

Em primeiro lugar, ela é de fácil assimilação e a melodia não se parece com nenhuma outra. Isso, eu acho fundamental. Outra coisa muito importante é a divisão das frases. Repare que tem respiração entre uma frase e outra. É aí que está o segredo. É para o público poder cantar sem precisar correr. Porque a marchinha num baile, ou num bloco, deve ser cantada de forma fácil e ninguém pode se atrapalhar. Já imaginou uma música com uma frase em cima da outra? O folião não conseguiria nem respirar e isso não pode! A marchinha tem que propiciar certo descanso na maneira de ser cantada. Embora curta, ela deve ter o espacinho entre uma frase e outra. Precisa ter também um tema divertido. Existem marchinhas românticas, por exemplo, mas elas não pegam com facilidade. A marchinha, em geral, é irônica, satírica e divertida. E as marchinhas se eternizam quando são bem-feitas, até com temas de quarenta, cinquenta anos atrás. Por exemplo: "Mamãe, eu quero" deve ter sido uma frase engraçada lá pelos anos 1930. Mas essa marcha é tão forte que ainda é cantada até hoje aos altos brados e em todos os bailes e blocos de carnaval. E por que ela ficou? Ela possui todos os fatores que se combinam: melodia fácil e original, boa respiração, é irônica, tem bom tema e se adapta bem ao dois por quatro, que é a batida de todas as marchinhas de carnaval. Você não pode fazer uma marchinha com notas muito longas. Tem que ser uma coisa balançada e gostosa. E o resultado é esse aí: as marchinhas estão mais vivas do que nunca!

Sempre procurei fazer minhas marchas assim. Não tenho regra. O que eu disse não é regra. Quem sou eu para criar regras para as marchinhas de carnaval? Mas eu sempre procurei fazer marchas originais e sem grande dificuldade para o público aprender. Elas são irônicas e abordam temas que estão na boca do povo. Mas sempre procurei fugir de fazer música parecida com outra. Para falar em bom português: não sou, nem nunca fui adepto do plágio. Minhas músicas também têm respiração fácil. Pode reparar que as marchinhas que ficaram estão sempre dentro desse princípio. Tem uma respiraçãozinha entre uma frase e outra, como nessa do Benedito Lacerda e do Humberto Porto:

> *Ô, jardineira por que estás tão triste?*
> *Mas o que foi que te aconteceu?*

E também nesse outro sucesso dos irmãos Ferreira:

> *Ei! Você aí*
> *Me dá um dinheiro aí*
> *Me dá um dinheiro aí.*

Esse padrão se repete também na marchinha do Nássara e do Haroldo Lobo:

Allah-lá ô, ô ô ô ô ô
Mas que calor, ô ô ô ô ô ô.

E digo mais: por causa dessa respiração, a pausa entre as frases, é que a marchinha pode ser curta, com letra pequena, que é para todo o mundo decorar fácil. E sendo curta, ela não pode ser rápida. E esse descanso natural permite que ela dure mais tempo. Se você cantar depressa o meu maior sucesso, "Cabeleira do Zezé", a marcha acaba rapidinho. Pode tentar! Aí, ela vira quase uma tarantela. Não dá! E não fica balançada, que é o mais gostoso para brincar o carnaval. Outra coisa muito importante, que eu aprendi, é que justamente nesses espacinhos entre as frases é que a bateria coloca aquelas marcações que todo o mundo acompanha. Repara só:

Corta o cabelo dele (PAM! PAM!)
Corta o cabelo dele (PAM! PAM!)

E também dá para todo o mundo fazer graça e colocar coisas que, a princípio, não estavam na música:

A gangue só me chama de palhaço (É A MÃE!)
Palhaço (É A MÃE!)
Palhaço (É A MÃE!)

Uma vez me falaram que eu tinha colocado na letra de "Cabeleira do Zezé" a palavra "bicha". Realmente, quando chega naquela hora do "Será que ele é... Será que ele é...", ninguém resiste e tasca logo um "BICHA!". Mas isso começou no programa do Silvio Santos, quando a música era cantada pelo auditório e aquelas moças que ficam lá atrás dançando gritavam um sonoro "BICHA!". E a coisa pegou... Mas essa "bicha" não é minha, não!

# (ENGRAVATADO)

Organizando a avenida

Chagas e a loura

É tudo a mesma coisa

GP de mulatas

38 · Organizando a avenida

Com o *Rio dá Samba*, minha imagem ficou muito ligada ao povão. E por isso, fui convidado a assumir a diretoria de certames da Riotur, a secretaria que cuida do turismo na cidade. O então governador Chagas Freitas era o dono do jornal *O Dia*, que já fazia umas promoções dentro do programa *Rio dá Samba*. Como o jornal era dele e o programa era meu, isso nos aproximou e fez surgir o convite. Eu estava realmente muito próximo das diretorias das escolas de samba e isso ajudaria muito a Riotur a organizar ainda mais o carnaval carioca. Meu pai foi secretário de educação do governo anterior ao de Chagas Freitas e eu achei que a empreitada não seria uma coisa de outro mundo. Fui até à Riotur e tomei posse na diretoria de certames. Algum tempo depois, assumi a presidência da Secretaria e me tornei mais um engravatado. Confesso que não foi um período muito prazeroso. Era tudo muito formal, com muitos processos rolando, e para qualquer coisa tinha que abrir protocolo. Eu sempre fui mais habituado com as partituras. São essas coisas que a gente faz na vida e não deve parar no meio porque fica feio. Mas eu me saí direitinho.

39 · Chagas e a loura

Como diretor de certames da Riotur, eu tinha que botar o bloco na rua e fazer o carnaval acontecer. Trabalhava no pavilhão de São Cristóvão, mas quando o bicho pegava, eu ia mesmo para a avenida. No meu primeiro carnaval, lá estava eu com o Chagas Freitas acompanhando de perto os desfiles. O Chagas, com aquele jeito populista, ia para a calçada e se assanhava todo quando as escolas de samba passavam. Eu tinha um assessor maravilhoso chamado Reizinho, que era muito meu amigo. Ele era do jornal *O Dia* e eu o chamei para trabalhar também na Riotur. O Reizinho pegava os destaques das escolas e levava para o Chagas, que fazia aquele afago e uma média com o povão. E o Reizinho levava passistas, mulatas e porta-bandeiras, e pedia para o Aimoré, o fotógrafo de *O Dia*, tirar uma foto para sair no jornal do dia seguinte. Chagas era um sujeito muito populista e gostava muito disso. Aí, o Reizinho levou um destaque, uma loura espetacular. "Doutor Chagas, esta é a Margarida da Império Serrano." E o Chagas deu um beijo quase que na boca da Margarida. E o Aimoré tascou mais uma foto para capa. Aí, o Reizinho, muito preocupado, chegou para o doutor Chagas, logo depois de o governador sapecar aquele beijo na tal louraça e disse: "Doutor Chagas, o senhor acabou de beijar um veado!" E o Chagas foi atrás do Aimoré para tentar quebrar a câmera dele.

40 · É tudo a mesma coisa

Em 1979, o prefeito do Rio era Israel Klabin. O Klabin era o oposto do Chagas. E isso ficou muito claro para mim, quando aconteceu a seguinte história. No primeiro dia do desfile das escolas de samba, lá estava eu ao lado do governador Chagas Freitas e do prefeito Klabin. Então passa a primeira escola e o Chagas vai para a avenida, beija a bandeira, arrisca uns passos e faz aquela média. O Klabin ali, paradão no camarote, sem se envolver muito. Passa a segunda e a mesma coisa, com um show de populismo do governador e nada do prefeito. Na terceira escola, o Klabin chegou ao meu ouvido e disse que ia sair à francesa. "Mas, doutor Klabin, que isso? A noite ainda nem começou..." Ao que o prefeito me fala: "Kelly, isso é tudo igual! Eu já vi três, não vou ver é mais nada! Já vi todo o carnaval! Não fala com o doutor Chagas, não..." E saiu de fininho.

41 · GP de mulatas

Já como presidente da Riotur, ouvi falar que o Grande Prêmio de Fórmula 1 estava balançando em São Paulo. O Bernie Ecclestone, o manda-chuva da Federação Internacional, estava querendo mudar de cidade a prova. "Opa! Então, vai mudar é pro Rio de Janeiro!" Acharam que eu estava ficando maluco. Naquela época, o autódromo do Rio estava caindo aos pedaços. Mas eu encasquetei com esse negócio e nós começamos a investir para o GP vir para o Rio. Eu, que não sei nem dirigir direito, achava muito importante a cidade sediar essa prova. Então, começamos a "namorar" o Bernie até que eu consegui que ele, finalmente, viesse ao Rio se encontrar comigo. Meu inglês já estava um pouquinho melhor e nós nos entendemos bem. Pegamos um carro da Riotur e fomos visitar o autódromo. No caminho, fui mostrando as maravilhas das praias para ele e quando subimos a Niemeyer, ele ficou maluco com a vista. "São Paulo não tem disso não, Bernie...", disse. E também fui falando um pouquinho de sacanagem e logo notei que ele gostava. O Bernie era menor do que eu e usava uma peruquinha. Ele era meio safado e gostava desse negócio de mulata. Quando chegamos ao autódromo, em Jacarepaguá, ele ficou olhando o estado meio precário das instalações. Mas não se escandalizou, não! "É, está meio quebrado..., mas como é linda esta cidade!" E eu disse a ele que ia fazer uma proposta para o GP vir para o Rio com exclusividade e que também bancasse as reformas no autódromo. Falei tudo isso de boca para ele na hora. "Kelly, me manda depois a minuta..." Acontece que eu já tinha pedido à minha chefe de gabinete, Maria Teresa, para deixar prontinha uma proposta para o Bernie assinar. "Minuta! Não tem minuta, Bernie. Tem o contrato pronto pra você assinar lá no escritório!" Foi aí que ocorreu o golpe de misericórdia e é onde entra a música nessa história. Eu disse a ele que o Rio é a cidade do samba, do carnaval e que eu era o campeão dessas músicas por aqui. "Bernie, vou te levar a um show de música brasileira hoje. E com mulatas!" E lá fomos nós pegar o homem no Hotel Glória para levar a uma noitada de samba e mulatas no Oba, Oba. "Em São Paulo não tem disso, não..." Aí, liguei para a Iracema, que era cantora do Sargentelli, e pedi para colocar uma mesa para ele lá no gargarejo, quase lambendo as mulatas. Ele ficou desesperado com aquela mulatada toda cantando e dançando o "Bole-bole". "Isso é o Rio de Janeiro, Bernie!" E brincou a noite inteira igual a uma criança. No dia seguinte, ele foi ao escritório da Riotur ao meio-dia. Com aquele bafo de whisky e dizendo que o Rio era, realmente, *wonderful*. "Não, é mais do que *wonderful*..." Aí, cheguei até minha mesa e peguei o contrato prontinho para ele assinar. E assinou por quatro anos.

PERSONAGENS

A cantora de bolero • *O piano de Grande Otelo*
Uma tarde com Vadico • *No Cirandinha com Imperial*
Rendezvous em Copacabana • *Presente de grego*
A "musiquinha" do Ciro Monteiro • *Uma ida a São Paulo*
Um maestro em Niterói • *Carnaval de Mendelssohn*
Jamelão boa-praça • *Numa furada com Joe Lester*
A mentira de Ary Tell • *O síndico coronel Portela*
Um ar diferente • *No motel com Dona Zica e Emilinha*
A Nega Maluca • *Um fã galã* • *No Bierklause*

42 · A cantora de bolero

A TV Excelsior ia de vento em popa. Eu e o Luiz Reis musicando muitos programas. Ele tocava e fazia músicas de outro programa chamado *A Grande Revista*. Um dia, fui a São Paulo para tocar piano a quatro mãos com o Luiz num programa de televisão. Essa história começou de brincadeira, com a gente tocando em festinhas e no auditório da Excelsior. Fez tanto sucesso, que gravamos o LP *Samba a quatro mãos*. O segredo desse disco é que tocamos como se estivéssemos numa festa de apartamento, ou seja, muito à vontade. Ficamos lá uma manhã inteira no estúdio da RCA tocando e bebendo umas cervejinhas. Depois, o Paulo Rocco separou as faixas e editou tudo na Alemanha. Modéstia à parte, tudo ficou muito bom. Mas o caso é que fizemos um programa, mais uma vez, tocando a quatro mãos em São Paulo. Finalizada a gravação, saímos para aproveitar a noite da cidade. "Kelly, tem uma boate ali no largo do Arouche que tem uma cantora..." O Luiz era muito romântico e isso é claramente perceptível nas suas composições, como em "Nossos momentos" e "Luminosa manhã". E se apaixonava muito fácil também, como por essa tal cantora da boate. "Vamos lá, Luiz! Quero conhecer essa maravilha aí que você tanto fala." E fomos a uma boate chamada Sínfoni. Da porta da boate, eu já achei a barra meio pesada. Era um lugar de entra e sai, com homem para lá e mulher para cá. Mas entramos e sentamos à mesa. O Luiz, com um buquê de rosas na mão e todo perfumado. Começamos a tomar o nosso drink, quando apareceu uma cantora acompanhada de um grupo que fazia a música ao vivo da casa. Tangos, boleros, sambas-canções... e a hora ia passando. Só tínhamos uma noite em São Paulo e eu queria aproveitar melhor aquela noitada. E nada daquela cantora parar. Eu, que nunca fui muito chegado a bolero, estava ficando impaciente. "Ô, Luiz, quando é que essa merda aí vai parar de cantar e a maravilha que você tá esperando vai entrar?" E o Luiz, muito sem graça, disse para mim: "João... é essa merda aí mesmo que tá cantando..." Aí, eu saí correndo de tanta vergonha, com o meu copo de whisky na mão, e fui ao largo do Arouche esconder minha cara num banco da praça. E o Luiz foi atrás de mim gritando: "João, eu te perdoo! Eu te perdoo!" Parece que até hoje escuto a voz do Luiz dizendo me perdoar. E voltamos à boate para desfazer qualquer mal-entendido. Eu falei com a moça, ela falou comigo e o resto só a noite pode contar.

43 · O piano de Grande Otelo

Grande Otelo era um amigo que me visitava sempre. Era um autodidata fantástico, que gostava de ópera e dos choros do Catulo da Paixão Cearense. Tinha uma sensibilidade fantástica. Éramos muito amigos! Ele protagonizou um dos meus maiores sucessos, o "Samba de branco", e também adorava minhas músicas. Um dia, ele me disse que tinha comprado um piano para mim. "Botei na minha casa só pra você tocar! Você vai lá e toca quando quiser..." Eu me senti muito honrado com o presente do amigo. "E olha, Kelly, tá novinho em folha, viu? Ninguém nunca tocou nele. Vai ser só pra você..." Otelo era um sujeito romântico, como eu, e daqueles que sabem conservar uma boa amizade por toda a vida. "E comprei na Mesbla, tá?" Nos abraçamos emocionados. Ele tinha a fama de que gostava de beber, mas lá em casa, ele raríssimas vezes pegou num copo. Porém, sempre levava uma companheira diferente. Não era a mesma, não! Otelo era conquistador. Todos sabemos que ele nunca negou fogo. O pequenininho era perigoso, por maior carinho que eu tivesse por ele. E sempre que nos encontrávamos, ele se lembrava do "meu" piano na casa dele. "Kelly, passa lá quando puder..." E foi assim nos encontros da vida, no trabalho, nos estúdios e pelos bares da cidade. Era sempre o Otelo lembrando que o "meu" piano ainda não tinha sido inaugurado. Ele ia tanto a minha casa, que eu nunca fui a casa dele. E nunca inaugurei o "meu" piano. Um pecado que carrego e que me deixa muito triste. Quando o Otelo nos deixou, eu cheguei à triste conclusão de que não inaugurei aquele piano comprado por ele para mim. Foi um erro meu. Mas o que se pode fazer, não é?

44 · Uma tarde com Vadico

Eu já fazia certo sucesso como compositor e fui gravar, na Phillips, algumas músicas autorais com a Doris Monteiro. Eram sambas da minha fase de sátiras, como "Passaporte pra titia" e "Brotinho bossa-nova". O arranjador era o maestro Carlinhos Monteiro de Souza, com quem mais tarde eu iria trabalhar na TV Rio. Ele regendo e eu, muito compenetrado no meio dos músicos, dando as dicas para a Doris Monteiro. Até que olhei para o piano e reconheci o sujeito que tocava. Parecia muito com o Vadico, que eu conhecia só de foto. Vadico, parceiro de Noel Rosa em "Feitiço da Vila", "Conversa de botequim", "Feitio de oração", entre tantas outras. O homem era uma lenda... Cheguei para o Luiz Bitencourt, o diretor artístico da gravadora, e perguntei quem era aquele pianista. "Aquele é o maestro Vadico." Vadico morava nos EUA e estava tirando uma onda como pianista por aqui. Eu sempre adorei o repertório do Noel Rosa e me aproximei do Vadico por causa dessa admiração. Fui até o piano e me apresentei. "Maestro, é um prazer!" Ele se mostrou um sujeito muito agradável e sensível e, entre as sessões da gravação, sempre ia falar comigo. E o nosso papo foi esquentando e ficou animado, tanto que combinamos de voltar para Copacabana juntos, depois daquela gravação. Vadico estava no Brasil por alguns meses e morava num pequeno apartamento na rua Barata Ribeiro. Ele me convidou para subir e continuar o papo, o que me deixou honradíssimo. Não são todos os dias que somos convidados a ir à casa de um parceiro do Noel Rosa. "Não repara, não, porque é um quitinete pequenininho e tal... Mas tem piano!" Então, tem a alma de tudo, não é? E brincamos ao piano numa conversa musical. Eu sentava e tocava, depois ele, em seguida nós dois juntos a quatro mãos. Vadico me ensinou alguns truques naquela tarde, que uso até hoje quando toco acordes e improviso. Ele era originalíssimo com sua gravatinha-borboleta e um papagaio que comprou por aqui. E assim, fiquei uma tarde inteira com Vadico e nem vi a hora passar. Naquela época, eu ainda não havia entrado firme no trabalho na televisão e tinha o hábito de chegar em casa na hora do jantar em família. Então, liguei para casa e falei com minha mãe que naquela noite não iria jantar com eles. "Roberto, onde você está?" E eu respondi, todo animado, que estava no apartamento do Vadico, parceiro do Noel Rosa, tocando piano e conversando. Mas minha mãe, que tocava o "Feitiço da Vila" ao piano, sabia muito bem quem era o Vadico e não acreditou em mim. "Roberto, você precisa beber menos. Pega um táxi e vem correndo pra casa!"

45 • No Cirandinha com Imperial

Eu e Carlos Imperial tínhamos temperamentos completamente diferentes. Mas foi um grande amigo e digo, com muita honra, que nunca tivemos nenhum atrito. Foi ele quem me apresentou a Elis Regina antes dela gravar duas músicas minhas. Sempre que eu trabalhava na televisão, ele também estava lá. Fazia um programa muito querido da rapaziada, que era *Os Brotos Comandam*, que revelou uma porção de cantores. Quando dizem que o Imperial era só mais um cafajeste, esquecem que ele também deixou uma obra. Muita gente não liga o nome do Imperial às suas composições. Ele é autor de "Praça" e do primeiro sucesso da Clara Nunes, "Você passa eu acho graça", numa insólita parceria com o Ataulfo Alves. E fez filmes pra chuchu. Cafajeste ele não era muito, não! Mas ele mesmo vendeu muito esse tipo. E vendeu tão bem, que esse personagem ofuscou o valor artístico dele. Mas o Imperial era um sujeito sensível e eu gostava muito dele.

Tínhamos um roteiro muito interessante para impressionar nossas namoradas. O Imperial fazia ponto na porta do Cirandinha, um café no coração de Copacabana. Quando eu ia com uma namorada nova para apresentar a ele, fazíamos uma encenação bastante ensaiada antes. "Imperial, meu amigo! Te apresento a Soninha..." E ele lançava um olhar fulminante para a pequena e falava bem alto (porque, ele era escandaloso): "Minha filha, eu não tenho o menor prazer em te conhecer!" E a garota tremia toda e me perguntava, aflita, o que é que ela tinha feito de mal ao Imperial. "Olha, eu tinha uma casa de vila com o Kelly, onde nós levávamos nossas garotas. Agora, ele não passa mais nem na porta dessa casa! O cara tá muito mudado, completamente..." E a garota entendia logo o recado. "E quem fez isso? Foi você, garota! Você roubou o meu amigo e não tenho o menor prazer em te conhecer!" Eu representava o meu papel direitinho e falava assim: "Peraí, Imperial... não é bem assim. Não faça isso, você tá exagerando...". E aí armávamos uma confusão ensaiada e que, às vezes, quase saíamos no tapa. E ele fazia uma arruaça danada, que até juntava gente na rua. No final, eu fingia que me desentendia e dizia que não queria mais nada com ele, nem com essa vida cheia de mulheres. E a garota saía encantada comigo e completamente conquistada. Era assim que eu apresentava uma namorada ao Imperial. E eu fazia o mesmo quando ele me apresentava uma dele. Só que eu não tinha a mesma atuação teatral dele. A minha era mais discreta. Muitas mulheres acreditaram nessa história.

46 · *Rendezvous* em Copacabana

Eu e o Imperial chegamos a ter o que se chamava, na época, de *garçonnière*. Era uma casa alugada por nós para levar as moças para namorar. Naquele tempo não existia esse negócio de motel. Você tinha que ir pro cafundó do judas para achar um. E para mim, sem carro, ficava difícil. Era naquela travessa de Copacabana, a Cristiano Lacorte, perto do Teatro Brigitte Blair. Uma casinha de vila, onde a parte da frente era o nosso cafofo, como o próprio Imperial dizia. Enquanto éramos apenas nós dois, a coisa deu muito certo. Eu levava as meninas do teatro de revista e ele sempre gostou mais de garotinhas. Então, o expediente dele era de dia e o meu à noite. E os horários raramente coincidiam. Depois é que entrou um terceiro sócio e a coisa começou a não dar mais certo. Era um cara, que depois se casou com a Martha Rocha, o Ronaldo Xavier de Lima.

Naquela época, o Simonal era assistente de produção do Imperial no programa dele na TV Continental. Ninguém conhecia o Simonal e ele ainda tocava contrabaixo acústico no conjunto Snakes. Ele havia dado baixa do serviço militar pouco tempo atrás e ainda estava com a cabeça toda raspada, e vivia carregando o contrabaixo. Como ele morava muito longe, o Imperial o deixava dormir no nosso cafofo quando terminavam os shows pela zona sul. A casa tinha dois cômodos e uma sala com uma entrada separada. Às vezes, ele ia para lá nos fins de semana, quando seu conjunto se apresentava. Quando um de nós chegava a casa, o Simonal achava melhor sair para a rua. Ele ficava fumando perto de um poste e, em pouco tempo, voltava. E ficava assim toda a noite. Acontece que em frente da casa morava um senhor que sofria de insônia. Ele não dormia e ficava na janela só observando aquela movimentação toda. O Simonal era um negro boa-pinta e forte, que ia até a esquina fumar enquanto ficava um casal dentro da casa. Quando o casal saía, o Simonal voltava. Então, o coroa da casa da frente concluiu que o Simonal era um cafetão e alugava os quartos para os rapazes se divertirem. O pior é que o homem era um militar aposentado e, para o nosso desespero, acabou registrando uma ocorrência no 13º Distrito Policial. Recebemos a intimação e quem nos defendeu brilhantemente foi o meu irmão, Fernando, recém-formado em direito. E ele soube resolver muito bem a situação, alegando que nós tínhamos aquela casa para levar, de vez em quando, uma moça ou outra. E explicou que o Simonal era um jovem cantor em começo de carreira que não tinha onde dormir depois dos shows. Aí, o delegado viu que se tratava de gente direita e encerrou o caso. Mas antes, fez um pedido: "Quando o danado do velho chegar à janela, digam o seguinte: – 'Ô, coroa, fecha a janela! Não fica olhando pra vida dos outros, não!'"

47 · Presente de grego

Eu já morava sozinho na avenida Copacabana, número 1.003, apartamento 407. Numa noite, véspera do meu aniversário, cheguei em casa e deparei com uma caixa no meio da sala. Quando vi aquela caixa enorme, levei um baita susto. Era um caixote muito grande com, mais ou menos, um metro de lado e de altura. Comecei a rodear aquele embrulho, muito intrigado, imaginando o que havia lá dentro. "Como é que eu vou abrir essa caixa?" Quando finalmente abri, surgiu lá de dentro... uma mulher! Era uma gatinha linda, que foi logo saindo da caixa e me falando: "O Imperial me pediu pra eu vir até aqui. Sou o presente de aniversário que ele mandou pra você...". Era mesmo uma das gatinhas do Carlos Imperial. Só que ele me deu um presente de grego porque, dessa vez, a tal gatinha me deu uma enorme canseira. Mas valeu a pena!

Algum tempo depois apareceu lá em casa uma mulher negra muito bem vestida. Era uma americana, que parecia a Diana Ross, uma beldade. E como falava! Naquela época, eu não dominava muito bem o inglês, mas entendi que ela era minha fã e que estava ali porque gostava mesmo de mim. E começou a se declarar, morrendo de amores. Eu, mocinho naquele tempo, não negava fogo. E nunca neguei também a cor. Peguei logo uma cerveja, um whisky e aconteceu o que tinha de acontecer. Eu, com aquela dificuldade danada de conversar em inglês. E se na sala já estava difícil, na cama então ficou pior ainda. Eu resolvi não conversar mais. Ocorre que ela era do tipo bem falante. E nos momentos de amor, ela dizia coisas que eu não entendia, enquanto eu falava outras que ela não compreendia. O fato é que o amor foi lindo e o que tinha de acontecer foi acontecendo. Porque se não acontecesse com uma mulher daquela não aconteceria com mais nenhuma. Era um tipo exuberante, uma coisa inacreditável! E olha que eu já conhecia bem desse assunto porque trabalhava com muitas mulatas no programa *Rio dá Samba*.

E chegou a hora da declaração final, difícil de fazer um para o outro. Ela disse que gostava de mim e eu, arranhando no meu inglês, disse que também gostava dela. No final, quase que nos comunicávamos por mímica porque eu já estava cansado de enrolar minha língua. E na hora da despedida, ela chegou para mim e disse em bom português: "Olha aqui, Kelly, para com esse negócio! Quem me mandou aqui foi o Carlos Imperial...".

48 · A "musiquinha" do Ciro Monteiro

Eu tinha vinte e poucos anos e o Ciro Monteiro mais ou menos cinquenta. Eu o achava velho. Quando ele morreu, tinha só 58 anos. Isso é a prova de que essa coisa de idade está na cabeça das pessoas e costuma enganar. Ele morreu jovem. O Ciro teve tuberculose quando moço e ficou sem um pulmão. Ele nunca abandonou o "whiskynho" dele, sempre com água natural e nunca com gelo. Os amigos diziam que era um pouco de exagero dele em não colocar nem um gelinho. Mas ele ficou com aquela impressão da tuberculose a vida inteira e não colocava. E aí, o "whiskynho" subia mais depressa sem o gelo. Era quando o Ciro ficava um pouco mais alto e começava a chorar de não parar mais. Eu não conheço uma pessoa que não se apaixonasse pelo Ciro. Ele provocou paixões de todos os amigos e das mulheres também, é claro! Com ele não tinha esse negócio de timidez, não!

O Ciro tinha um amigo que foi casado com a Lana Bitencourt, o Carlos Antônio Braga. Ele até estudou no Colégio Padre Antonio Vieira também, mas era um pouco mais velho do que eu. Ele já estava separado a essa altura e nos encontrávamos sempre no Alcazar. O Carlos Antônio tinha uma cisma do Ciro como compositor. Ele achava que o "Formigão" não era um compositor inspirado e não merecia essa fama toda. E o Ciro mostrava uns sambas dele para o Carlos Antônio e ele dizia logo que não gostava. Ele tinha realmente músicas muito boas, como "Madame fulano de tal" e "Marilu", mas desde que gravou "Se acaso você chegasse", do Lupcínio Rodrigues, o compositor ficou ofuscado pelo intérprete. Um dia, no Alcazar, o Ciro quis pegar o amigo. "Carlos Antônio, vem cá que eu vou cantar uma música pra você..." E o Carlos quis logo saber se a música era dele. "É minha, sim! Vou gravar e vai ser um estouro!" E cantou assim:

A "MUSIQUINHA" DO CIRO MONTEIRO

Formosa
Não faz assim
Carinho não é ruim
Mulher que nega não sabe, não
Tem uma coisa de menos
No seu coração.

O Carlos, desanimado, resolveu aconselhar o amigo: "Ô, Ciro, o samba até que é bom... mas não é isso tudo, não! Você bem que poderia gravar alguma coisa melhor". Aí, o Ciro perguntou de qual compositor ele poderia gravar essa "alguma coisa melhor". "Carlinhos, e se eu gravasse o Baden, hein?" E o Carlinhos ficou todo animado e logo concordou. "E se fosse também do Vinícius de Moraes, o que você acha, Carlinhos?" Aí, sim, o Carlinhos endoidou com essa dupla maravilhosa. "Pois é, Carlinhos, essa música aí mais ou menos é do Baden Powell e do Vinícius de Moraes, tá?"

49 • Uma ida a São Paulo

O Ciro era quase que um autodidata, mas um homem muito culto. Ele conviveu a vida inteira com muitos intelectuais e tinha uma cultura de ouvido fantástica. E um dos melhores papos que eu já desfrutei. Eu viajava muito com ele porque, naquela época, não havia o videoteipe na televisão e tínhamos que fazer os programas ao vivo em várias praças. O Ciro morria de medo de avião. Então, íamos sempre do Rio para São Paulo de trem, que ele apelidou de "avião dos covardes". Era um tremendo contador de histórias e tinha uma facilidade enorme de botar apelidos. Araci de Almeida era "Araca". O Lúcio Alves, ele chamava de "Besouro". Agora, no Miltinho, ele meteu um apelido que eu nunca entendi: "Pitigrilli". A Emilinha Borba ele chamava, muito carinhosamente, de "Miloca". O Ciro foi a pessoa mais carinhosa que conheci.

Um dia, o Ciro, o Ataulfo Alves e o Luiz Reis foram receber o pagamento trimestral na União Brasileira de Compositores. E depois de receberem uma boa grana, resolveram me visitar no meu apartamento, em Copacabana. Todos com dinheiro, numa tarde agradabilíssima com o piano comendo solto. Logo, o Reizinho, que era um jornalista muito chegado, se juntou ao grupo. Eu me lembro que o Ataulfo levou uma moringa de cachaça, a mais pura que existe, e todo o mundo ia lá e beliscava um pouco. Quando acabou a noitada, já estávamos todos tortos. Aí, o Ciro, cheio de dinheiro, desceu com o Reizinho e disse para ele na calçada: "Escuta, vamos pra São Paulo?" E o Reizinho, sem pensar muito, disse na hora que topava. "Mas como que nós vamos, Ciro?" E o Ciro falou que eles iam de táxi. E fizeram sinal para o primeiro motorista que passava ali por Copacabana. "Motorista, vamos pra São Paulo!" O motorista logo percebeu o estado dos dois e estranhou aquela proposta insólita. "Quanto você quer? Eu tenho dinheiro...", reclamou o Ciro mostrando o bolo de notas que ele carregava no bolso do seu terno. "Tá aqui, ô! Agora leva a gente logo pra São Paulo." E o motorista tocou o táxi. Mal saíram de Copacabana, os dois caíram no maior sono e ficaram dormindo, escorados um no ombro do outro. Mas quando estavam na altura de Bonsucesso, bem no início do caminho para São Paulo, eles acordaram. "Onde é que a gente tá, motorista?" E o motorista, malandro, falou que os dois já estavam chegando em São Paulo e tratou de cobrar deles. "Paguem logo porque vou deixar vocês aqui!" E o entusiasmo dos dois fez com que reconhecessem a capital paulista em pleno bairro de Bonsucesso. E desceram do carro. "Olha, Reizinho, pra lá está Pinheiros... por aqui é Santo Amaro..." O motorista, de maldade, deixou os dois na porta de um boteco, em Bonsucesso. Os dois entraram gloriosos para tomar umazinha depois da "viagem". E começaram a falar de São Paulo: "Tá quente aqui hoje, hein? Engraçado esse calor todo...". E papo vai, papo vem, o sujeito lá de dentro, no balcão, percebeu claramente que os dois ou eram malucos, ou estavam perdidos mesmo. E muito bêbados. "Olha aqui, vocês não estão em São Paulo coisa nenhuma. Vocês estão em Bonsucesso!" Aí, o Ciro e o Reizinho gelaram. "Vocês estão na praça das Nações, aqui em Bonsucesso!" Mas o Ciro não era de perder a esportiva, muito menos a pose. "Ah! Mas olha aqui, Reizinho, não tem nada, não. A gente tá com a grana." E trataram de entornar mais uns copos naquele bar em Bonsucesso. Mas quando o Ciro meteu a mão no bolso do paletó para conferir a grana, percebeu que já não tinha mais. O motorista furtou todo o dinheiro do Ciro. Os dois estavam duros em Bonsucesso, depois de acharem que estavam em São Paulo. E começaram a chorar no meio-fio. Isso daria um quadro pintado a óleo maravilhoso. E o dono do bar chegava e consolava a dupla. "Você não precisa pagar..." e continuava a servir chope ali mesmo na calçada, com os dois chorando no meio-fio as dores da viagem que nunca fizeram a São Paulo.

50 • Um maestro em Niterói

Carlos Monteiro de Souza foi um grande maestro e orquestrador com quem eu tive o privilégio de trabalhar. Ele carregava uma pasta enorme, onde levava seus arranjos. Tinha o peito todo estufado, o que fez o Ciro Monteiro dar a ele o apelido de "Pombo". Depois do programa de televisão, ele costumava ir a um bar em Copacabana chamado Imperator. Numa noite, ele bebeu todas ali e seguiu para Niterói, onde morava. Chegou à estação das barcas, na praça XV, e sentou num banco para esperar a saída. Só que como tinha entornado todas, acabou dormindo ali mesmo. De repente tocou o apito que avisava a chegada da barca de Niterói à estação do Rio. E o maestro Carlinhos acordou. "Opa! Já estou em Niterói." Aí, ele saiu do banco da estação da praça XV pensando que já estava em casa. E quando o sujeito está mais para lá do que para cá, ele vê tudo e mais um pouco. Ele pegou um táxi na praça XV pensando que estava na terra do Arariboia. E pediu ao motorista que o levasse ao bairro onde ele morava, em Niterói. "Toca pro Canto do Rio." E o motorista meteu uma primeira e foi embora com ele. E o maestro dormiu mais uma vez, agora dentro do táxi, agarrado na sua pasta de arranjos. Aí, o motorista deu várias voltas com ele pelo Rio, com o taxímetro marcando lá em cima. Quando estavam passando pelo aterro do Flamengo, o maestro acordou. Aí, o Carlinhos percebeu que não estava em Niterói e não entendeu mais nada. "Morri!", ele pensou, imaginando que já tinha batido as botas. Foi um desacerto na cabeça dele. Mas quando ele viu que estava na praia do Flamengo, reclamou com o motorista pensando que ele estava dando uma volta nele. Mas não era nada disso! E o motorista explicou: "O senhor entrou no meu carro e queria ir para um canto do Rio. Aí, eu fui, né? E tô lhe mostrando vários cantos da cidade. O senhor está agora aqui no Aterro, mas eu já fui com o senhor até a Barra…". Isso é que dá beber demais!

51 · Carnaval de Mendelssohn

A revista *Manchete* resolveu dar um almoço às vésperas do carnaval. Era um evento para reunir o pessoal e tirar fotos para publicar nos dias da folia. Tinham muitas figuras ligadas ao carnaval, como Marlene Paiva e Clóvis Bornay, que, na época, já estava acontecendo. Eu estava no auge daquela programação toda da TV Rio dos anos 1960 e com as minhas marchinhas já estourando por aí. E também fui convidado. Levei ao almoço um amigo chamado Renato, um advogado inteligente pra burro e um dos caras mais farristas que conheci. Chegando lá, o salão estava cheio de figuras fantasiadas. Conversa vai, conversa vem, comecei a tomar umazinha com o Renato. E me passou pela cabeça, assim sem mais nem menos, uma música chamada "Carnaval de Mendelssohn", uma peça do compositor romântico muito bonita e difícil de se tocar. Eu comentei isso com o Renato, quando me surgiu uma ideia de fazer um baile chamado "Carnaval de Mendelssohn". Eu tinha um apartamento grande na rua Aires Saldanha e, em menos de dez minutos, nós dois resolvemos armar essa festa lá. E nesse almoço da *Manchete*, resolvemos anunciar o nosso baile. Chamamos a Nina Chaves, que era uma cronista de *O Globo*, muito famosa, basta dizer que a secretária dela era a Hildegard Angel. Ela tinha uma coluna chamada "Linhas Cruzadas", que falava de sociedade e dos artistas. E ali mesmo, começamos a divulgar a nossa festa. "Nina, nós vamos fazer um baile: o 'Carnaval de Mendelssohn.'" E assim, fazendo tudo no improviso, jogamos uma conversa sem pé nem cabeça que todo o mundo começou a acreditar. "O Mendelssohn foi um dos primeiros compositores eruditos a falar em carnaval. Ele era um sujeito espetacular!" E aí, o Renato inventou uma história que eu tive que me segurar para não rir na hora. "E ele tinha uma particularidade: gostava muito de chuchu!" E criamos uma fantasia danada em torno do nosso baile. Em pouco tempo, só se falava do "Carnaval de Mendelssohn" no almoço da *Manchete*. Todos que estavam ali foram convidados para a festa no meu apartamento. Preparamos os convites, que foram distribuídos depois a cada um dos convidados. Com um detalhe: os convidados só poderiam ir à festa se levassem um chuchu. Esse toque de mestre foi ideia do Renato.

Ocorre que não fizemos festa nenhuma. No dia do baile, chamamos um amigo, o Manoel Sacristão, e o colocamos na calçada, em frente a minha portaria. O Manoel era um mulato baixinho, tinha voz firme e grossa. Eu consegui, na TV Rio, uma roupa de barão com peruca branca e tudo. E ele ficou fantasiado com essa roupa de época em frente à porta do edifício com um bastão enorme na mão. Quando chegava um dos convidados segurando aquele chuchu, o Manoel batia com o bastão no chão e abria o seu vozeirão: "Perdão, doutor, a festa foi adiada *sine die* por causa da falta de luz, em virtude do racionamento!" Naquela época, o Rio de Janeiro passava mesmo por um racionamento de energia. Quando chegava por volta das sete horas da noite, a luz acabava. E ficava assim até às onze horas. Os convidados ficaram muito frustrados com o cancelamento da festa. Alguns aceitavam bem e saíam de fininho carregando aquele chuchu na mão. Mas teve convidado que saiu pau da vida. E o Manoel batia com o bastão, repetindo para uma fila de convidados que, infelizmente, a festa tinha sido cancelada. E aí começaram a perguntar por mim: "Mas cadê o Kelly?" E o Manoel fingia que não era com ele e seguia com a sua encenação. "Perdão, doutor, a festa foi adiada *sine die*..." e batia no chão. Ele foi instruído a falar só isso. Naquela noite, ele apanhou feio. Bateram nele, deram na cara dele e até jogaram chuchu no pobre do Manoel. Mas ele ficava lá, impassível, com o seu bastão na mão. No final da noite, eu e o Renato, que assistimos a tudo isso escondidos na rua, demos um dinheiro para ele. "Isso é muito pouco para o que eu levei de chuchu na cara..." Depois, muita gente ficou danada comigo, mas aí eu fui brincando e a coisa foi se esclarecendo. Foi uma gozação danada... mais uma brincadeira de carnaval.

52 • Jamelão boa-praça

Jamelão gravou algumas músicas minhas, como "Mais do que amor" e outros sambas-canções. Não foram músicas de muito sucesso, mas ele foi uma pessoa muito importante na minha vida. As grandes passagens do Jamelão foram no meu programa *Rio dá Samba*, que ele frequentava assiduamente e de forma espontânea. Ele ia para lá cantar o que gostava. E comparecia tanto, que eu o nomeei diretor de harmonia do programa. Ele ficava com um apito na boca e, todos os sábados, comandava a batucada e as mulatas. Quem assistiu ao *Rio dá Samba* se lembra bem. Contrariando o que todo o mundo pensa e a sua fama de mal-humorado, ele era muito simpático comigo e com o pessoal do *Rio dá Samba*.

Quando o programa estava meio arrastado, eu chamava o Jamelão e ele sempre tinha um samba rasgado lá da Mangueira para cantar. E o programa, que era ao vivo, levantava e esquentava de novo. Ele era um coringa que não se cansava de me ajudar. No meu primeiro carnaval como presidente da Riotur, ele me deu mais uma prova da sua amizade. Foi um carnaval muito difícil, com invasão de pista e uma confusão danada. Isso me deixou muito nervoso e assustado porque eu ainda não era muito habituado com todo esse movimento. E as emissoras de televisão, que cobriam o carnaval na época, começaram a colocar uma pressão com aquele papo que a invasão de pista estava atrasando o desfile das escolas. E os repórteres todos querendo ter informações e colocando lenha na fogueira. Até que uma das repórteres da TV Globo se aproximou do Jamelão. A essa altura, a Sapucaí era um tumulto só com a arquibancada já ensaiando uma sonora vaia. A escola de samba Império da Tijuca ainda não tinha entrado e estava com mais de 40 minutos de atraso. "Jamelão, que coisa horrível isso aqui! Essa Riotur devia tomar vergonha!" Mas o que a repórter esperava que o Jamelão falasse, com toda aquela sua fama de grosso e mal-humorado, acabou não acontecendo: "Não, minha filha, eu não acho, não! Isso tudo aqui é muito normal. Todo ano é a mesma coisa..." Nesse dia, o Jamelão desapontou qualquer entrevista que era feita com ele. Não foi só essa, não! Naquele dia, ele estava um doce. No meio da pista, todo o mundo querendo que ele esculachasse, mas, por pura amizade a mim, ele era só flores.

53 • Numa furada com Joe Lester

Eu fazia a minha primeira peça, *Esputinique do morro*, no "Teatrinho" Jardel. Havia uma cantora gaúcha no grupo do Russo do Pandeiro chamada Leila Silva. A moça era um monumento! Era uma espécie de Cris Vianna cantando e dançando no palco. Todo fim de espetáculo, o namorado a pegava no Jardel. Era um sujeito de pouco mais de um metro e cinquenta, gordinho e empresário da dupla Jararaca e Ratinho, que também entrava nos esquetes da peça. Se chamava Joe Lester e era animadíssimo. Mais tarde, ele veio a ser o personagem Pedro Bó do programa do Chico Anysio. Como ele buscava a Leila todos os dias no teatro, ficamos muito amigos. E um dia, o Joe me disse que tinha conhecido três moças muito bonitas e modernas que moravam em Botafogo. Era naquele prédio então barra-pesadíssima chamado de Edifício Rajah. "Kelly, vamos lá!" E eu perguntei da Leila, aquele monumento que ele tinha em casa. "Hoje não é dia da Leila." E me convenceu, dizendo que as moças estavam loucas para me conhecer. Então, chegamos lá no Rajah com a faixa de campeões. E fomos recebidos principescamente com todas as honras de chefe de Estado. As moças só faltaram estender um tapete vermelho para a gente entrar em campo. Mas de repente sai de dentro do quarto um cachorro enorme, daqueles bem grandes. Não sei como elas tinham esse cachorro no apartamento!? O cão parecia ser quase do tamanho daquele quarto e sala. E descobri mais uma afinidade que eu tinha com o Joe: um medo tremendo de cachorro! Toda aquela nossa pose de galã caiu por terra quando o tal cachorro apareceu. Foi uma vergonha! O cão tratou de lamber, para nosso desespero, os nossos pés. Quando ele começou a latir, não tivemos alternativa: Joe e eu fomos parar em cima de uma cristaleira que elas tinham na sala. E o cachorro latindo, e as mulheres rindo de nós dois, devido ao baita medo do cachorrão. Essa conquista foi uma grande furada.

54 • A mentira de Ary Tell

Ary Tell foi um dos bailarinos do show de rock do Carlos Imperial. Era malandro velho, dançava muito bem e tinha lá suas namoradinhas. Mas era muito mentiroso. E como a mentira tem pernas curtas, um dia ele caiu do cavalo direitinho. Ele estava com a turma da TV Tupi num barzinho, onde o pessoal se reunia tomando uma cervejinha, quando começou a contar uma história e todo bar parou para escutar. "Aí, na Tupi, trabalha um diretor chamado Arthur Farias. Ontem, eu fui a uma festa na casa dele... Eu nunca vi um sujeito dar tanta sorte com mulher!" O Arthur Farias produzia o famoso programa do Flávio Cavalcanti e viria a ser um dos patrimônios da televisão brasileira. E o Ary botou o Arthur nas alturas falando da maravilha que foi aquela festa que ele nunca tinha ido. Acompanhando essa história, estava ali o Osmar Frazão, que começava a sua carreira na Tupi e depois se tornaria um dos grandes pesquisadores da música brasileira. Malvado, o Frazão foi dando corda para o Ary. O fez descrever a festa inteirinha para todo o bar. "Conta aí, Ary, como é que eram essas mulheres que estavam lá?" E o Ary, que não tinha ido a festa nenhuma e muito menos conhecia o Arthur Farias, dizia que tinha escolhido mulher a dedo. "Saí de lá com uma gata! O whisky rolando... E o Arthur é um cara do barulho!" O Frazão foi um grande humorista também e chegou a trabalhar em programas como *Praça Onze* e humorísticos da TV Rio. E levou esse papo todo com o Ary quase que por uma hora, só dando corda para o outro se enforcar. E o Ary, já todo inflamado, contava as loucuras "daquela festa". Acontece que o Arthur Farias estava no bar, ouvindo tudo e tapando a cara com o jornal com uma baita vontade de rir, quando o Frazão virou e disse para ele baixar o jornal. "Ary, eu vou te apresentar o Arthur Farias agora!" E o Ary ficou com a cara no chão. "Porra, sacanagem!" E saiu para nunca mais voltar.

55 · O síndico coronel Portela

Era mais uma reunião musical no meu apartamento da rua Aires Saldanha. O Ciro estava lá junto com vários outros amigos. Quando a reunião acabou, apenas o Carlos Antônio, que já era separado da Lana Bittencourt, ficou. A gente se despediu e ele pegou o elevador. Ocorre que, em vez de apertar o botão "T", de térreo, ele apertou o "1". Justamente onde morava o terror do prédio, o síndico coronel Portela. Tudo isso numa época em que os milicos mandavam e desmandavam no país. Ele, simplesmente, não me suportava de tanto barulho que as minhas reuniões musicais faziam até tarde da noite. E o Carlos, pensando que estava no térreo, tocou a campainha do coronel Portela imaginando chamar o porteiro do prédio. E o coronel aparece atrás de uma grade, vestindo seu roupão de seda e tendo sido acordado no meio da noite por aquele estranho. "O senhor abra a porta que eu quero sair!" Aí, o coronel não se aguentou e disse a famosa frase: "O senhor sabe com quem está falando?" Mas o Carlos estava sem paciência. "Ô, Severino, deixa de bobagem! Abre essa porta aí que eu quero sair!" Foi uma confusão generalizada, com o coronel Portela querendo prender o Carlos Antônio. Aí, eu desci e tive que acertar essa situação, uma cena muito desagradável. "Kelly, eu não tô entendendo mais nada! Eu quero sair e esse porteiro não deixa…" Até que eu meti o Carlos Antônio na marra no elevador e saímos para a rua ouvindo os brados retumbantes daquele coronel.

56 • Um ar diferente

Munir Assuf era descendente de árabes e fã dos meus programas. Era professor de trigonometria, um sujeito meio gordo e engenheiro do Departamento Nacional de Estradas de Rodagem. Um amigo que sempre que podia não me largava mais. E gostava da noite. Solteirão, morava à beira da Lagoa e volta e meia estava lá em casa. Quando me via com uma de minhas namoradas, tinha uma mania muito interessante. Com o Imperial, eu tinha aquela armação que quase dava em briga, mas com o Munir era diferente. Quando ele chegava lá em casa, entrava e fingia que não via a minha garota. Ele me cumprimentava, fazia a maior festa e dizia que estava sentindo um certo ar diferente na casa. E seguia um roteiro de quase quinze minutos. Ele procurava saber de onde é que vinha esse tal ar diferente. "Será que está naquele quadro?" E lá ia ele sentir o cheiro do quadro. "Não! Não é daqui, não..." E fazia disso uma novela. Munir percorria as duas salas da casa, indo de um canto para outro atrás desse tal "ar diferente". E cheirava o copo de whisky, o piano e tudo o que tinha lá em casa. De repente, pela primeira vez depois dessa cena toda, ele olhava para a minha namorada. "Será que é daqui?" E se aproximava dela para sentir o seu perfume. "É você o ar diferente dessa casa! Kelly, você deve conservar esse ar!" E a moça ficava toda orgulhosa. "Isso vai dar em casamento. Isso só pode dar em casório..."

57 • No motel com Dona Zica e Emilinha

Fui fazer um show na Escola de Samba Unidos de Padre Miguel. Todo o mundo fala na Independente de Padre Miguel, mas essa apresentação foi na "Unidos" mesmo. Era uma escola bem mais modesta, mas me recebeu com muito carinho. Nesse dia, eu tive a honra de estar acompanhado pela Emilinha Borba e por Dona Zica. Emilinha cantou alguns dos meus sucessos, além de outras músicas. Dona Zica foi a homenageada da noite. Depois do show, nós três voltamos num carro fretado pela Unidos de Padre Miguel. Quando chegamos na avenida Brasil, o carro parou. Como o reparo iria demorar muito, saímos logo do veículo. Acontece que o carro parou em frente a um motel. Era uma dessas casas bem grandes e típicas daquela região. "Kelly, vamos entrar aí pra tomar um café enquanto a gente espera o concerto do carro", propôs Emilinha. E entramos no motel: Emilinha, Dona Zica e eu. Justamente quem estava na porta era o dono do estabelecimento. Quando ele nos viu, fez a maior festa e, com certeza, não entendeu nada. Eu, com Emilinha e Dona Zica seria uma suruba diferente! E explicamos que estávamos parados na avenida Brasil procurando guarida enquanto concertavam o nosso carro lá fora. O dono do motel foi muito gentil e aproveitou nossa presença para mostrar uma suíte nova que ele estava inaugurando. É que não era todo o dia que ele tinha personalidades assim no motel. "Estou trazendo um modelo americano de suíte multiuso, com ambientes diferenciados." E nos levou, muito animado, para ver a tal suíte. "Isso aqui é uma sala de estar perfeita para se tomar um drink." E passamos por um ambiente com um bar americano, com aqueles bancos altos e um balcão. "Aqui é outro espaço, preparado para a prática de musculação e de ginástica", ele nos disse enquanto cruzávamos uma sala de academia. Seguindo em frente, vimos um lago com uma fonte bem no meio. "É a piscina particular, com temperatura ajustável... E tem mais!" Ele abriu mais uma sala, com várias camas para repouso, e outra onde o cliente poderia fazer a refeição. E depois de percorrermos quase dez ambientes, chegamos (finalmente) ao quarto. "Bem, aqui é a cama, com o sistema de luz e som embutidos nas cabeceiras. Uma grande novidade que vou oferecer ao público." Nesse momento, Dona Zica chegou para o cara e disse: "Mas olha aqui, doutor! Depois de tudo isso, quando o cara chegar aqui, ele já gozou…".

A Nega Maluca

Eu tinha uma namorada que morava na Tijuca e se encontrava muito comigo no meu apartamento em Copacabana. Um dia, fiquei sabendo de um baile no Clube Sírio-Libanês, em plena sexta-feira de carnaval. Era um baile quente! Foi o ano da "Colombina iê-iê-iê" e resolvi que não levaria minha namorada para poder trabalhar melhor essa música. "Me leva, Kelly!", reclamou ela. Mas argumentei que não seria um bom lugar para levar uma namorada e que eu estava indo mesmo a trabalho ao baile. Ela lamentou muito, mas não teve jeito de ir. No dia seguinte, fui ao baile com os amigos. Evidentemente, todos sem namorada porque ali era um lugar perfeito para encontrar novas aventuras. E eu estava bebendo minha cervejinha, quando vi duas moças muito bonitinhas fantasiadas de Nega Maluca. Era uma fantasia muito estilizada, com o corpo e o rosto cobertos, só com os olhos de fora. E o baile foi esquentando, com uma das garotas muito saliente para o meu lado. Ela se aproximou várias vezes de mim puxando papo com a maior naturalidade do mundo. Mas ela só falava em falsete comigo. "Kelly, como é que você tá?" E aquela conversa mole toda... De repente, ela sumia e depois voltava do salão com o mesmo falsete e me dando a maior bola. Durante todo o baile, ela não me tirou da vista. Quando percebi que a coisa estava esquentando demais, eu, um velho conquistador, a convidei para sair e ir curtir no meu apartamento. "Mas, claro, Kelly!", ela me falou sempre caprichando no falsete. Pegamos um táxi na porta do clube e nos encaminhamos para a rua Aires Saldanha, em Copacabana. Lá pela altura de Botafogo, ela olha para mim e começa a rir sem parar. "Por que você tá rindo?", perguntei. E ela levantou a máscara e falou no seu tom de voz normal, sem aquele falsete: "Olha aqui, Kelly! Você é malandro, mas não é muito não, viu?" Era ela, a minha namoradinha tijucana.

59 · Um fã galã

A Rede Globo havia comprado a TV Paulista para fazer sua filial. Aqui no Rio de Janeiro era o canal quatro e em São Paulo era o cinco. Como eu era contratado da Globo, tinha de ir uma vez por semana a São Paulo fazer o meu programa *Allegro*. Era transmitido sempre aos sábados, às oito da noite. Mas eu tinha que chegar em São Paulo na sexta-feira, às dez da manhã para ensaiar com os cantores e a orquestra do maestro Osmar Milani. Eu chegava religiosamente à capital paulista às dez da manhã, na rua das Palmeiras, onde era o canal cinco. E sempre tive a honra de ser recebido por um fã, uma das figuras mais importantes da televisão. Era o galã Walter Foster, o cara que deu o primeiro beijo na televisão brasileira. Eu, que sempre tive a minha vida ligada a conquistas e romances, adorava aquele sujeito. Ele me esperava na filial paulista de sobretudo e com uma bela dose de whisky na mão como todo bom bebedor. Era um dos artistas mais respeitados do país e eu nunca poderia adivinhar que ele adorava as minhas músicas e conhecia boa parte do meu repertório. Era um fã que eu jamais poderia imaginar. Todas as semanas, era ele quem me recebia lá no canal cinco. Me falava das novidades da semana e eu contava as últimas para ele. E então, eu ia para o meu ensaio. Ele era um sujeito muito formal, mas que se despedia de mim me dando um forte e caloroso abraço. "Kelly, até a semana que vem!"

60 · No Bierklause

Houve uma época, no Rio, em que as casas inspiradas nas cervejarias alemães eram a moda. A mais conhecida de todas era o Canecão, que se tornou uma das casas de shows mais famosas de todo o Brasil. Na praça do Lido, em Copacabana, havia outra cervejaria, que se chamava Bierklause. Era uma casa noturna, como foi o Jirau e o Le Bateau. Porém, o Bierklause tinha um ambiente mais familiar, onde a turma toda de televisão frequentava. Era um ponto de encontro regado a muito chope e com música ao vivo, com a Bandinha do Alemão. Tinha o salão de baixo e um jirau na parte superior que acompanhava toda a casa. Algum tempo depois foi criado o terceiro andar, que era a boate Fossa, onde brilharam Tito Madi, Waleska, Ribamar, entre muitos outros.

Um dia, eu estava em cima, no jirau, curtindo com os amigos, quando vejo lá embaixo, no salão, o João Saldanha numa discussão braba. O João era um sujeito de opiniões muito radicais. De esquerda, sempre inflexível e comunista de carteirinha. Mas uma flor de pessoa e com uma sensibilidade muito grande. E bastante esquentado também... Ele nunca botava o galho dentro. Tanto que era chamado de "João Sem Medo". Eu podia avistar lá de cima que toda a mesa do João estava contra ele. Uns se levantavam mais esquentados querendo tirar satisfação. Eu já tinha bebido os meus chopes a mais e pensei logo em salvar o João. Ele ia acabar apanhando e o melhor mesmo a fazer era acabar logo com aquela briga. E me lancei lá de cima do jirau em direção à mesa do João, no salão do andar de baixo. Quando caí, foi aquela confusão! Cada um foi para um lado, a mesa se dispersou e o segurança correu à minha direção para ajudar. Pronto! Acabou aquela briga e o João se livrou de levar uma bela de uma coça. Somente mais tarde, eu contei a ele qual foi a minha intenção. E ele nunca me agradeceu por ter evitado aquela briga. Pelo contrário.

O Bierklause era ponto de bebericar bastante. Num fim de noitada, eu senti vontade de ir ao banheiro e sai sem avisar. Como eu não estava me sentindo muito bem com as muitas cervejas que estavam na minha cabeça, sentei no vaso e dormi. E dormi mesmo! Quando acordei, vi tudo escuro porque já haviam fechado a casa fazia muito tempo. Como o banheiro era um cubículo onde a porta fechava quase que na minha cara, eu tentava levantar, mas não conseguia. Ficava sempre batendo na porta. Eu não conseguia enxergar nada naquele breu. E pensei que tivesse morrido. Foi uma das sensações mais desagradáveis que tive em toda a minha vida. Se boemia se resumisse a isso, eu teria deixado de ser boêmio naquele minuto. Até que eu comecei a concatenar as ideias e me lembrei que estava no banheiro do Bierklause. Com muito custo, saí de lá e fui até o salão da cervejaria, que estava todo apagado, e vi uma frestinha de luz na frente. Era o dia nascendo. Consegui ir até a cozinha, onde os funcionários estavam começando a chegar para o trabalho. Eles foram logo tratando de me ajudar, me oferecendo um café com leite, que eu recusei de imediato. "Nada disso! Eu tô no Bierklause! Me dá um chope aí!"

ATUALIDADE

Na praia • *Um Céu na Terra do carnaval*
No baile da Cinelândia • *Embaixadores da Folia*
Meu querido Bola • *Carnaval dos bingos*
Cinquentão • *No Rio Scenarium*
Politicamente incorreto • *Marchinhas de hoje*
Meu ganha-pão • *Receita de longevidade*

61 · (Na praia)

Eu nasci na Lagoa e fui trabalhar em Copacabana, no "Teatrinho" Jardel. Sempre andei muito por esse bairro e me considero até uma pessoa de Copacabana. Então, eu sempre gostei de praia. Antigamente, eu ia com meus pais e meu irmão da Lagoa até a praia de Copacabana. E me tornei um amante do mar também. E aprendi muita coisa, como pegar onda, e sempre me gabei muito disso. Aquela onda alta, que você entra no meio dela e vai em direção à areia. Quando conheci minha companheira, Maria Helena, eu quis fazer um farolzinho para ela. Mas aí, eu já tinha lá meus sessentinha. "Maria Helena, fica no calçadão que você vai me ver pegar uma onda. Sou mestre nesse negócio..." E lá fui pegar onda. Passei por baixo da arrebentação, nadei e fiquei esperando a onda. É um *surf*, só que você é a própria prancha. É facílimo quando a gente está com a saúde em cima e em boa forma. É só soltar o corpo e ir com a onda. E fui fazer isso para Maria Helena ver. Mas foi uma vergonha! Eu não estava mais habituado a fazer isso e a idade começava a pesar. Só sei que entrei num caixote e pensei que ia morrer. Cheguei à praia pedindo para alguém me salvar. A Maria Helena já não sabia nem o que dizer... E eu botando água pelo nariz e por tudo quanto era lugar. O meu atletismo acabou nesse dia e eu abandonei as ondas. Sou melhor mesmo é tocando meu piano.

62 · Um Céu na Terra do carnaval

Em meados dos anos 1970, eu já observava as transformações do carnaval. No meu programa *Rio dá Samba*, eu percebia claramente que as escolas de samba estavam se estruturando e ganhando força. Esse processo culminou com a fundação da Liga das Escolas de Samba. A Liesa começou a organizar, de forma séria, os desfiles e ajudou a transformar o carnaval do Rio de Janeiro no maior espetáculo da terra. E, mais uma vez, eu estava atento a essa mudança. Aliás, a transformação do carnaval é uma constante na minha vida. Eu, que admirava os corsos e as grandes sociedades na avenida Rio Branco, depois vi os bailes da cidade ganharem força total. Não só vi, como participei dando a minha contribuição com as minhas marchinhas. Mas os bailes começaram a ficar decadentes no finalzinho dos anos 1970 e foram abafados pela força dos desfiles das escolas de samba. E aí, eu, já como presidente da Riotur, pude perceber que a coisa estava se desvirtuando para outro lado. Foi quando, eu fiz um samba na forma de uma carta endereçada às escolas de samba:

Senhor diretor de harmonia
Nossa escola qualquer dia
Não vai sambar mais no pé
É tando carro, tanto luxo e paetê
Acabam trocando você
Por um diretor de balé.

Nossa escola este ano se sofisticou
Ninguém cantou, pergunte a quem quiser
A cabrocha queria sambar e não podia
Com tantas alegorias
Com tanto Folies Bergère.

Foi uma profecia que se concretizou. As escolas de samba se tornaram um espetáculo, que tem de tudo, menos samba. Antes, as alas brincavam e sambavam. Hoje em dia, isso é muito raro. O elemento plástico fica sempre em primeiro plano e a agremiação com melhores alegorias quase sempre é a vencedora. Isso acabou esfriando os desfiles e afastando o público da avenida. E a fórmula do carnaval espetáculo começou a se esgotar.

E mais, uma vez, eu vi a folia se reinventar. A volta do carnaval de rua começou na virada deste século. Foi com os blocos de jovens que se formaram nas ladeiras de Santa Teresa, na Lapa, nos subúrbios e em outros bairros da cidade. Esses blocos levaram o povo para as ruas da maneira mais espontânea possível. Nada disso foi programado. A necessidade de se ter um carnaval mais barato e mais participativo foi a razão pela qual esses blocos surgiram. Hoje, os blocos de rua são a tônica dessa grande festa que arrasta milhões de foliões durante o carnaval.

Mas antes disso tudo virar moda, um grupo de amigos se uniu com um ideal de formar um bloco de carnaval. Eles eram todos jovens e fundaram o grupo Céu na Terra. Não queriam apenas participar do carnaval carioca. Começaram a se apresentar em eventos populares, como em festas de São João e em reisados. Essa iniciativa do Céu na Terra foi muito importante para o carnaval e para a música brasileira. O grupo foi um dos embriões dessa manifestação maravilhosa, que é a volta dos blocos de rua. Eles pegaram o repertório de músicas tradicionais de carnaval, marchinhas como "Mamãe, eu quero", "Aurora", "Jardineira" e "Cabeleira do Zezé", e saíram para as ruas cantando e tocando. O Céu na Terra formou um grupo com ritmistas e chegou a organizar até uma orquestra. Hoje, leva uma verdadeira multidão às ruas de Santa Teresa e ajuda a democratizar ainda mais o carnaval brasileiro. A principal beleza que vejo nisso tudo é que nada foi premeditado. Nenhum departamento de cultura preparou essa mudança e ninguém ficou esperando ajuda do Estado. Isso foi um fenômeno totalmente espontâneo. A volta dos blocos tem sido a grande surpresa no carnaval brasileiro.

63 · No baile da Cinelândia

O Frazão trabalhou comigo na TV Rio, no tempo do programa *Praça Onze*, porque ele também é ator e da melhor qualidade! Nossa amizade data a partir daí e as nossas vidas se entrelaçam muito. Ele criou, há mais de vinte anos, um grande baile popular na Cinelândia. É um resgate que ele queria fazer daqueles grandes cantores da Rádio Nacional e que ainda estavam bem vivos por aí. Sempre participavam: Marlene, Emilinha Borba, Roberto Paiva, entre muitos outros que ainda estavam em atividade. A Virgínia Lane também estava nisso e sempre fechava o baile. Eu, que não sou dessa época, cheguei a participar do baile várias vezes. Era muito gostoso ver o público dançando, cantando e brincando o carnaval ao som desses grandes cantores do passado. Até hoje, a prefeitura monta o palco em frente à Câmara dos Vereadores e dali em diante é o público, o povão, que faz a festa. Culturalmente, essa contribuição do Frazão para o carnaval é importantíssima. E ele continua firme produzindo essa festa lá na Cinelândia. Mesmo sem os artistas da época, as músicas continuam vivas e cantadas por uma nova geração de intérpretes. Eu faço votos que esse baile da Cinelândia não termine nunca, porque ele retrata muito bem uma fase do carnaval brasileiro, com seus sambas e marchinhas. Eu peguei essa produção do Frazão no início e afirmo, com toda a sinceridade, que é uma grande realização do meu velho e querido amigo.

Embaixadores da Folia

Cláudio Cruz é um personagem marcante do carnaval carioca. Ele é filho de um pianista da Rádio Mauá chamado César Cruz. Um negro fantástico, que tocava um piano bonito, no tempo em que o Rio tinha pianista em todos os cantos. E o Cláudio, evidentemente, puxou o pai, não como pianista, mas como amante da música e do carnaval. Ele é o fundador de uma sociedade carnavalesca chamada Embaixadores da Folia. Com sede no centro da cidade, tem um bar muito simpático, que é onde tudo deve começar e terminar. E também tem uma programação durante o ano inteiro. O Cláudio é um amante do carnaval e nasceu para brincar e promover essa festa. Um dia, o Cláudio chegou e me pediu uma música que fosse o hino do bloco Embaixadores da Folia. E me disse que nessa história toda, ele era uma espécie de cupido jogando suas flechas nos casais apaixonados e que brincam o carnaval junto com ele. Eu achei essa imagem muito bonita e fiz o "Rancho dos Embaixadores":

Olha a saudade dourada
Daquele confete que já não existe
Saudade do pierrot de cetim
Com o seu bandolim e uma lágrima triste
Saudade das velhas marchinhas
Tocando no rádio depois nos salões
Embaixadores da Folia
Pedimos passagem nos seus corações.

Amantes enamorados apaixonados
Sob os olhos de um cupido
Chegou o carnaval
É tempo de sonhar e de cantar
E sonhar os nossos sonhos coloridos.

Sinto muita honra deles desfilarem com a minha música. Foi uma encomenda que jamais poderia ter sido negada. A primeira vez que o bloco saiu, eu fui junto. Era numa sexta-feira antes do carnaval. A gente se reuniu nos fundos da Candelária. Os carros ainda passavam na avenida Rio Branco, mas abriram uma faixa do lado do trânsito por onde nós passamos cantando e brincando pela avenida. Esse momento me tocou muito e me fez lembrar dos velhos carnavais. E terminamos num bar da Lapa, como não poderia deixar de ser. Afinal, tudo fica mais gostoso quando começa ou termina numa mesa de bar.

65 • Meu querido Bola

O Cordão da Bola Preta faz parte do meu DNA carnavalesco. Muito antes do meu primeiro sucesso, "Cabeleira do Zezé", eu já frequentava a sede do bloco na rua Treze de Maio. Fui levado pelo meu amigo Larry, que trabalhava na Editora Irmãos Vitale. "Você vai conhecer uma banda sensacional e um clube animadíssimo, com gente muito feliz." O Larry tinha razão. Quando eu ainda estava no elevador, subindo para o salão do Bola, a orquestra comandada pelo maestro Roberto Sodré já me impressionou muito. Era formada por metais e um grupo contagiante de ritmistas. Apresentava uma peculiaridade: você ouvia, em primeiro plano, uma tuba muito bem tocada que marcava o compasso das músicas. Mas também se arvorava brilhantemente em arriscados contrapontos, o que dava uma personalidade marcante aos comandados do bom maestro Sodré. Ele tinha uma característica que nenhum outro maestro do mundo apresentou até hoje. Ele regia a orquestra de costas, com um ar muito sisudo e compenetrado, o que contrastava com a alegria do ambiente. Não se furtava também, de vez em quando, em ir ao bar do clube, que se situava no próprio salão e era chamado, não sei por que, de "Coreia". O Sodré deixava a banda tocando e ia saborear sua cerveja ou seu *scotch*. Um dia, partiu e me deixou saudade.

Foi também no Bola que eu vivi momentos inesquecíveis durante o carnaval. Os bailes sempre abriam com o glorioso hino do Cordão e invariavelmente depois, a banda atacava com minha "Mulata iê-iê-iê". E essa é uma tradição que se mantém até hoje nos seus desfiles. Uma vez, eu desci para a rua e a banda estava mandando ver com a minha marchinha. A multidão estava eufórica e eu me confundi com a massa nas ruas. Eu, um mero desconhecido, e todos cantando em uníssono a "Mulata" em altos brados. E fiquei ali como que anulado no meio daquela multidão. Duvido que alguém tenha ficado tão feliz com o próprio anonimato. Outra vez, eu desci de manhã do salão, já no final do baile de carnaval, e me juntei a outros foliões que se arriscavam na praça da Cinelândia, numa alvorada do Bola.

E o Bola Preta viveu anos de glória, até que começou a tropeçar a partir da virada do século. No início de 2009, recebi um telefonema às sete horas da manhã. Era o presidente do Cordão da Bola Preta, Pedro Ernesto Marinho, me informando que o nosso clube estava sendo lacrado por um oficial de Justiça. O motivo era o atraso nos pagamentos de condomínio. Corri para lá e, ao chegar, constatei o fato com tristeza e dor. Desolação total. Sobrou somente uma sala no quarto andar que funciona até hoje como escritório. A partir daquela manhã tão triste, o presidente Pedro Ernesto passou a ser o símbolo da reação daquele Cordão que era conhecido como quartel general do carnaval. Mas estava chegando o carnaval e o Bola não tinha mais o seu salão. Pedro aceitou o solidário convite do Clube dos Democráticos para realizar os quatro bailes de carnaval, na rua do Riachuelo. Embora com lágrimas nos olhos, estavam todos lá. A banda completa, comandada pelo maestro Carlinhos, os antigos sócios, inclusive eu, e o imenso público que jamais deixou de prestigiar o Bola. Foram quatro dias de casa lotada. Um sucesso total! Foi aí que o Pedro teve uma ideia genial. Passado o carnaval, ele resolveu vender a banda para se apresentar em eventos. E colocou anúncios nas principais revistas de casamento oferecendo a banda do Bola para animar as festas. Os pedidos começaram a chegar e os músicos, com o competente maestro Carlinhos, ensaiaram às pressas um repertório que incluía boleros, blues, rock, bossa-nova, entre outros ritmos. Até que a solicitação de festas começou a ter uma agenda respeitável! E a banda, com seu novo repertório, agradou em cheio em todos os casamentos que tocou. O secretário de transportes na época, o boa-praça Julio Lopes, ofereceu um galpão da Cia. de Trilhos, na rua da Relação, para ser a nova sede do Cordão. Começaram a se realizar, naquele espaço, as atividades do Cordão da Bola Preta, com apresentações da banda, rodas de samba e uma programação de shows com conjuntos e vários artistas. O contrato foi firmado no dia 3 de março de 2009 e renovado pelo governador Pezão e pelo secretário de transportes Carlos Osório. E o Cordão da Bola Preta continua sendo o quartel general do carnaval, com uma programação excelente o ano inteiro e mantendo a tradição do desfile do sábado de carnaval, aliás, o maior do mundo.

66 • Carnaval dos bingos

O Arnaldo Montel é outra figura marcante do carnaval. Para o grande público, talvez, ele não seja, mas para quem gostava daqueles desfiles de fantasia, com o Clóvis Bornay e o Evandro de Castro Lima, com certeza sim. O Arnaldo tinha um sócio, o Belino Melo, e juntos realizaram desfiles fantásticos. Um dia, o Arnaldo saiu dessa coisa de desfile e começou a fazer shows de carnaval. Aí, me procurou e propôs um negócio diferente, que eu nunca tinha feito na vida. "É um carnaval nos bingos", ele disse. Nos dias de carnaval, fizemos shows em quatro ou cinco bingos da cidade. Foi um carnaval diferente naquele ano, com os bailes acontecendo nessas casas. Um sucesso! O público estava jogando e, de repente, nós entrávamos com piano elétrico e banda, e fazíamos meia hora com as minhas marchinhas de carnaval. Foram quatro dias e eu gostei muito. Uma brincadeira que foi, no fundo, uma grande realização do Arnaldo Montel.

67 · Cinquentão

Em 2008, eu completei cinquenta anos de carreira. Tudo começou no Teatro Jardel, quando eu musiquei a peça *Esputinique do morro*. Fazer meio século na estrada não é fácil, mas é muito gratificante. A Editora Irmãos Vitale me homenageou com um álbum muito bem-feito, com as partituras das minhas composições. Trata-se de uma publicação muito importante, com as minhas músicas de carnaval, as que eu fiz para o teatro, as canções românticas e vários sambas. Tudo com cifra. Um registro da minha obra que precisava ser feito. Nessa comemoração, eu também fiz um show inesquecível na Toca do Vinícius, uma casa especializada em música, em Ipanema. Foi lá que eu gravei minhas mãos no chão e fiz um show a céu aberto na calçada, em frente à loja. No ano seguinte, fui presenteado com um filme do cineasta e amigo André Weller. Em *No balanço de Kelly*, pude contar algumas das minhas histórias e tocar piano dividindo a banqueta com o próprio diretor. Foi uma homenagem que me tocou muito e estreou no Festival de Cinema do Rio. Em 2010, fui o homenageado do 5º Concurso de Marchinhas da Fundição Progresso, uma iniciativa do Perfeito Fortuna. Acabei virando o nome do troféu daquele ano.

E o que acontece quando uma música sua faz cinquenta anos? Aí vira festa! Principalmente em se tratando da minha "Cabeleira do Zezé". Isso foi em 2014, quando o pessoal do Céu na Terra preparou uma série de eventos para soprar as velinhas desse bolo. Para esquentar, fizemos um show com músicas do meu repertório, com a Orquestra Popular Céu na Terra, no Teatro Municipal de Niterói. E a homenagem culminou com um grande baile a céu aberto no largo dos Guimarães, em Santa Teresa, no sábado anterior ao carnaval. Foi o Baile do Cabeleira, que reuniu uma multidão em frente ao palco armado na rua.

Todas são grandes homenagens que recebo com grande entusiasmo e imensa alegria. Mas ver as minhas marchinhas cantadas por uma quinta geração, pela juventude de vários cantos do país, é o meu maior presente, que recebo também como uma grande homenagem. Cinquenta anos depois, a música tem a idade de quem canta.

68 · No Rio Scenarium

O Rio Scenarium era um antiquário na rua do Lavradio, no centro do Rio. Uma vez, os seus donos, o Plínio e o Nelson, me convidaram para fazer uma apresentação lá. Mas era de forma diferente. Todo primeiro sábado do mês, os lojistas da Lavradio promovem uma grande feira de antiquários ali mesmo, na rua. E os dois colocaram um piano na calçada, com um baita tapete vermelho para eu tocar durante a feira. E, realmente, a coisa agradou muito. Quando a feira terminava, a gente entrava no antiquário, e a música continuava lá dentro. Isso foi o embrião dos shows dentro dos antiquário, e começou justamente no Rio Scenarium. Depois, esse modelo se espalhou e foi até um dos responsáveis pela revitalização da Lapa, que andava muito caidinha nessa época. Mas o fato é que o Plínio botou um palco lá dentro e transformou o antiquário numa casa de música. O primeiro que trabalhou lá foi o Paulo Moura, depois foi o Nadinho da Ilha. Pouco tempo depois, comecei a fazer umas apresentações por lá e me tornei uma figura obrigatória no Rio Scenarium. Até que, no final de 2014, o Plínio me procurou e me propôs um show no anexo da casa. A princípio era para ser uma apresentação só com marchinhas, mas eu achei melhor abrir a primeira parte com músicas fora do repertório de carnaval. Na segunda parte, eu atacaria só de marchinhas, com os meus sucessos e também de outros compositores. A constituição do meu conjunto era piano, baixo e bateria, com dois cantores e, na hora das marchinhas, eu acrescentava um trombone. Era uma formação diferente para a música de carnaval. Mas, logo no primeiro dia, eu vi que a coisa iria agradar. E o show se transformou numa apresentação íntima e aconteceu justamente o que eu queria: o público começou a cantar junto. Num baile de carnaval convencional, com muitos metais tocando, o público pode até cantar, mas o que fica em primeiro plano são os pistons e trombones, a orquestra e a batucada comendo solta. Mas nas nossas apresentações no Rio Scenarium, o primeiro plano era o canto do salão. E era justamente o que eu queria. Um grande coro que me emocionou muito. De vez em quando, eu até parava o conjunto e deixava só o público cantando com o contrabaixo fazendo a marcação. E a coisa agradou tanto, que ficou quatro meses em cartaz até o início do carnaval. É um momento da minha carreira em que eu me apresento tocando piano com o meu conjunto, de maneira muito sincera e bonita. O baile do Rio Scenarium chegou para ficar.

69 • Politicamente incorreto

Uma vez, o Eduardo Dussek me disse que ele era politicamente incorreto. Eu achei graça naquilo e acabamos fazendo juntos uma marchinha:

Eu sou gostosa, maliciosa
Não me leve a mal
Politicamente incorreta
Sou a marchinha de carnaval.

Eu vou do jeito que eu quiser
Sai de homem, sai de mulher
Sem essa de pisar no meu tapete
Sua censura que vá pro cacete.

Eu gosto quando a marchinha é crítica. Quando ela mexe com a gente e é, por que não, politicamente incorreta. A marchinha que não diz nada também não pega. Na vida, a gente tem que ousar um pouco, não ficar só no lugar-comum. Todas as marchinhas de carnaval que pegaram, do presente ou do passado, ousaram. E foram todas, a seu modo, politicamente incorretas. Antes de mais nada é preciso entender a marchinha de carnaval como uma grande brincadeira. Não dá para levar uma marchinha ao pé da letra, analisando a intenção da sua letra. Aí fica muito chato! Imagine se eu fizesse "Cabeleira do Zezé", "Maria Sapatão" e, mais recentemente, "Menino gay" me preocupando em ser politicamente correto? Se fosse assim, eu não faria nada. Eu sou um sujeito muito liberal nesse negócio e, para mim, o que importa é se a marchinha é gostosa ou não de brincar.

Marchinhas de hoje

Um dia, depois de uma semana do carnaval, eu estava com a Maria Helena e um amigo chamado Dante Casanova, um velho frequentador do Cordão da Bola Preta. Estávamos indo para a sede do Bola para algum enterro dos ossos. No táxi, eu já estava com um tema na cabeça. Infelizmente, no carnaval, uma legião de foliões deixa as ruas sujas fazendo xixi por aí e o resultado é essa porcaria que todo o mundo conhece. E pensei que daí podia sair uma marchinha. Comecei a bolar ali no táxi mesmo a "Marchinha do xixi":

Tá com vontade de fazer xixi
Não faz aqui, não faz aqui
Nosso bloco a gente vê
É cheiroso é maneiro
Tô falando com você
Lugar de mijão é no banheiro.

Cantei logo para o motorista do táxi, que aprovou. Lançamos a marchinha num CD gravado com o conjunto Céu na Terra e junto com um vídeo da música. Tudo feito na base do amor. Um tempo depois, o Bola Preta fez uma parceria com a TV Globo, e Amauri Soares e Luís Erlanger, diretores da emissora, tomaram conhecimento da "Marchinha do xixi". No carnaval seguinte, os dois colocaram essa minha marchinha como uma das chamadas do carnaval, cantada pela Regina Casé numa produção muito caprichada. Fez tanto sucesso que, no ano seguinte, me contrataram para fazer todas as chamadas do carnaval. Foi quando eu fiz as marchinhas "Porcalhão, não suja o chão" e "Se beber não dirija". Mas aí já foi uma encomenda. Eu gosto muito de fazer esse tipo de trabalho porque tenho certa facilidade. Vale registrar que faço sempre as letras também. Sem falsa modéstia, isso não é uma coisa fácil de fazer. Tem muita gente grande aí que não chega lá. Mas eu faço...

71 · Meu ganha-pão

Uma coisa que tenho muita honra de dizer é que eu sempre vivi do direito autoral. Eu até posso fazer shows e ter sido contratado por emissoras de TV, mas são trabalhos episódicos. Só duas coisas são constantes na minha vida: a música e o direito autoral. Nasci dentro disso. Logo no meu primeiro trabalho, musicando *Esputinique do morro*, o Geysa Boscoli me levou para a Sociedade Brasileira de Autores, a SBAT. E desde o meu primeiro dia no Teatro Jardel, eu comecei a receber os meus direitos autorais como compositor pela partitura musical da peça. Desde cedo, eu aprendi que o trabalho do compositor precisa ser remunerado. E tomei gosto pelo direito autoral. Minhas músicas passaram a ser gravadas por vários cantores. "Boato", pela Elza Soares; "Samba de teleco-teco", pelo Waldir Calmon; "Consolo de otário", pela Aracy Costa... e por aí vai... E eu já era da Sadembra, uma sociedade de arrecadação de direitos autorais. Mas aí já não era mais só do teatro, mas de execução em rádios, shows, boates e emissoras de televisão. Naquela época, o direito autoral de execução musical era controlado por quatro sociedades e o recolhimento não era feito de forma unificada. Muita história absurda aconteceu por causa dessa situação. Uma vez, fui fazer um show no Clube dos Magnatas, no Rocha. Era o chamado Baile dos Horrores e tinha gente saindo pelo ladrão. Quando eu estava me preparando para subir ao palco, o dono do clube me chamou no escritório e me pediu para eu tirar umas músicas do show. Eu achei aquele papo meio estranho, mas ele argumentou que o clube não pagava a sociedade que controlava as tais músicas. Foi um diálogo maluco, que me fez abrir mão de ganhar pelas minhas próprias músicas que faziam parte do show. Outra situação surreal era a do impedimento de determinadas parcerias. Eu, por exemplo, era de uma sociedade diferente da que participava o Luiz Reis. Essa é a razão de nós nunca termos feito uma única música juntos. Uma pena.

Hoje, tudo passou a ser controlado pelo Ecad, que é a fusão dessas sociedades todas. Esta instituição repassa para as associações o recolhimento dos direitos autorais. Temos também o direito fonomecânico, que é o da venda de CDs controlado diretamente pelas editoras. No meu caso, a Editora Irmãos Vitale, que também é responsável por editar as minhas músicas. Comecei na Sadembra, depois fui da UBC e hoje sou da Abramus. E reconheço o esforço do Ecad em fazer o trabalho em prol do compositor brasileiro. Alguns me perguntam se eu não poderia ganhar mais com as minhas músicas. Eu acho que não. O Brasil é um país com dimensões continentais e a realidade é que fica muito difícil controlar as execuções musicais. Eu apoio o que nós temos e o que já está sendo feito. É muito fácil se dizer contra o atual recolhimento de direitos autorais. Não basta achar que podia ser assim ou podia ser assado. Não podia, não! Porque quem sabe da quentura da panela é a colher. E eu sou a colher nesse negócio.

72 · Receita de longevidade

Eu morava na Lapa quando dei uma entrevista ao jornalista Hugo Sukman, do jornal *O Globo*. Nesse papo, passei pela primeira vez a minha receita de longevidade. Acontece que essa minha cara de garoto engana e pode parecer que possuo menos idade do que realmente tenho. E muita gente me pergunta qual é a minha receita de longevidade. Naquele dia foi o repórter Hugo que me perguntou isso. "Acordar às sete horas da manhã e fazer um exercício em casa, de preferência, respiratório. Também um pouco de ginástica sueca. Depois sair e caminhar no calçadão. Caminhar alguns quilômetros." E o Hugo, compenetrado, anotando tudo sem perder uma só palavra. "Não beber nenhuma bebida alcoólica. Importante: não fazer nenhuma restrição. Fazer as refeições moderadas evitando comidas condimentadas e gordurosas. Fazer sexo muito regrado. Evitar as noitadas. Procurar levar uma vida mais perto do campo e de tudo que a natureza puder oferecer. Desfrutar do mar, das montanhas e dos rios. Fazer, principalmente, caminhadas." E aí, o Hugo me perguntou se eu realmente fazia essas caminhadas. "Mas é claro! Sem as caminhadas, a minha receita não dá certo. No calçadão e, de vez em quando, na montanha que é muito bom também…" E o toque final foi esse: "Bem, eu não posso deixar de falar do complemento dessa minha receita. Tudo isso aí é exatamente tudo o que eu NÃO faço!"

(GALERIA)

◉ *Folião precoce: de cigano no carnaval de 1941*

◉ *No jardim da casa da Lagoa, a música sempre presente*

◉ *Fernando, Celso, Luzia e Roberto, em Petrópolis, no lago do Crémerie*

◉ A turma do Colégio Padre Antonio Vieira, em 1950. Um risonho Kelly na primeira fila, o quarto da esquerda para a direita

◉ Audição de piano da classe da professora Zélia de Lima Furtado, em 1949. Ao centro, de terno

Nasce uma estrela: Anúncio da peça Esputinique do morro, *na porta do mítico Teatro Jardel*

Programa da peça de estreia, com dedicatória de Geysa Boscoli

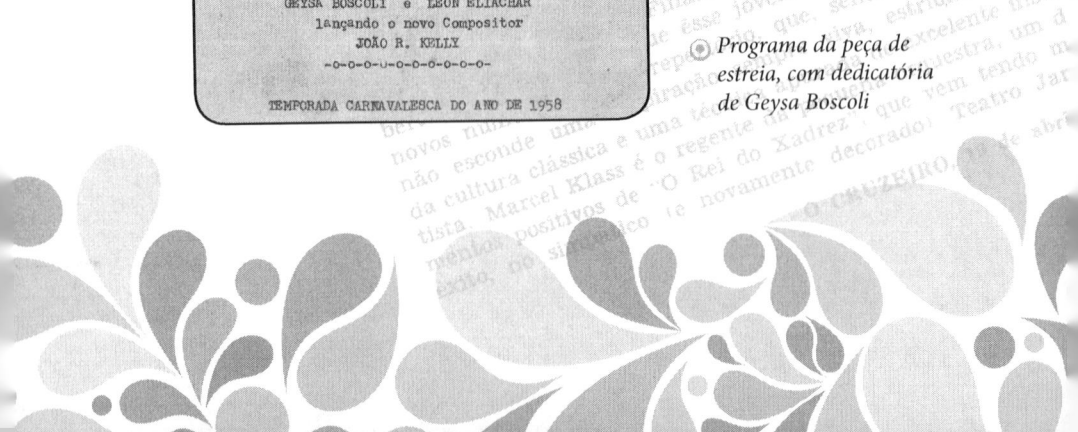

Ao piano, na casa da Fonte da Saudade

Num ensaio, fazendo música

João Roberto Kelly é o jovem compositor que Geisa Boscoli lançou e que é o responsável pela música de "O Rei do Xadrez", em cena no Jardel

Musicando a revista O Rei do Xadrez, em 1958/59

Muito à vontade, posando na casa de Carlos Imperial

ÊLE FAZ JUSTIÇA... AO TELECO-TECO

● João Roberto Kelly fêz o curso de Direito para satisfazer a vontade paterna. Assim como Ari Barroso, é um bacharel que prefere o piano e os bons bate-papos. Arquivou definitivamente o diploma para dedicar-se à música. Compôs sambas de grande sucesso: "Boato", "Dor de Cotovêlo", "Brotinho Bossa Nova", "Samba de Teleco-Teco" e outros. Enfrenta o gôsto do público com tranqüilidade e decisão, mas treme quando se vê forçado a enfrentar uma sessão do Tribunal do Júri. É filho do professor Kelly, sobrinho do ex-Ministro Prado Kelly e neto de um ministro do Supremo Tribunal Federal.

TEM UM KELLY NO SAMBA

O TEATRO LANÇOU O COMPOSITOR JOÃO ROBERTO — DA INEXIQÜÊNCIA DE UMA "BOSSA NOVA" — A EXTRAFICAÇÃO DO SAMBA — ROBERTINHO, UM NOEL QUE FALA DE VINICIUS E OUTRAS COISAS — A CANÇÃO COM ANIL DE DOUTOR

Escreveu SARCAST com fotos de SOUZA

Retrato do artista quando jovem

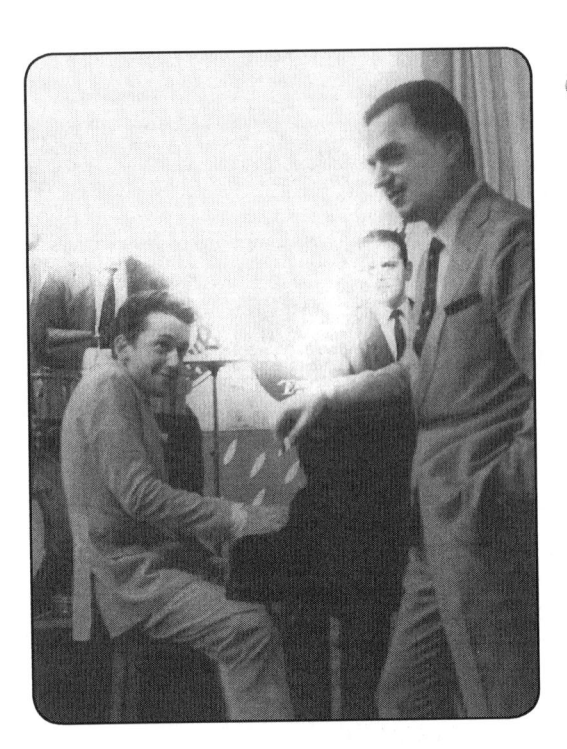

Com Haroldo Eiras no programa Ao Encontro da Música, *em 1960*

GALERIA

140

Pediria alguns dados biográficos de João Roberto Kelly. LÚCIA MARIA DIAS — RIO DE JANEIRO, GB.

● Autor de mais de 300 músicas, êle nasceu no bairro da Gamboa, no Rio de Janeiro a 24 de junho de 1938. Com 18 anos já era famoso e considerado por muitos como o sucessor de Noel Rosa. Simpático, rico e solteiro, é um ótimo partido, Lúcia

INTERVALO PARA CONVERSA

Com a turma da TV Continental

Em 1966, na TV Globo, muito bem acompanhado

⦿ Com o décor *das mulatas no programa* Rio dá Samba, *na TV Tupi, em 1977*

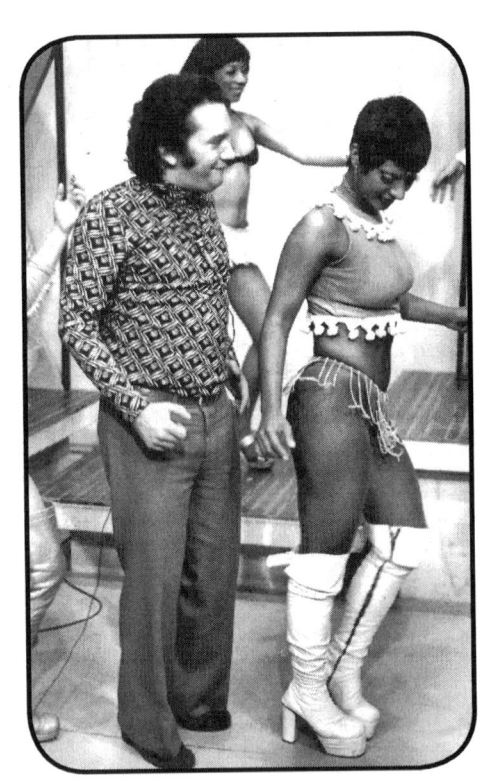

⦿ *No* Rio dá Samba *ao som do "Bole-bole"*

◉ Na boca do povo, uma figura popular

◉ Garoto-propaganda: comunicação direta com o público

GALERIA

144

Hoje na Bandeirantes

apresentação:
JOÃO ROBERTO KELLY

Ginga Brasileira

participação:
Conjunto Exporta Samba, Jorginho do Império, Di Conceição, Jamelão, Dominguinhos do Estácio, Lecy Brandão, Marcos Moran, Carmélia Alves e Xangô da Mangueira.

4 da tarde   Rede Bandeirantes Canal 7

João Roberto Kelly entrou con— ra ficar. Em duas músicas, intro— va: o iê-iê-iê. Eram as frases ave, *Meu Amor* e *Mulata Bossa* rou nas ruas e nos salões. O j— , quando começou a se interes— tocava piano e sabia música, que era tudo. Na sala de visitas retrato do avô, o Ministro Otá— deral, onde deixou fama. Na ca— lly, antigo ministro da Justiça , Celso Kelly, atual presidente msa, também estudara Direito, tério e o jornalismo. João Robe fêz bem. Porque podendo ser ap is solicitado dos nossos compos— mamentes na televisão e já co— spiradas músicas de *Vamos Brin* rtaz do Teatro Dulcina). Foi atr— laboração com Chico Anísio, o to na gravação de Dalva de Oli— naval dêste ano. Essa linda marc— as as suas duas outras melodias de sucesso quase não têm nhuma. O que nelas vale, mesmo, é a bossa do iê-iê-iê. E João berto Kelly, embora nascido na Zona Sul, não hesita em acom— nhar os compositores do morro: "A boneca está / Cheia de -fiu / Esnobando as louras / E as morenas do Brasil". Não rima, s é uma grande verdade.

R. Magalhães Júnior

◉ *Na Bandeirantes, com a mesma fórmula de sucesso do* Rio dá Samba

JOÃO ROBERTO KELLY —
IÊ-IÊ-IÊ
NO CARNAVAL

◉ *Com o cantor que lançou a mítica "Cabeleira do Zezé", Jorge Goulart*

◉ *Com Emilinha Borba, intérprete de "Mulata iê-iê-iê", no show* Quero Kelly, *com direção de Ricardo Cravo Albin, na Funarte*

◉ Carteirada: o crachá de presidente da Riotur

◉ Jogo de cena com a porta-bandeira da Mangueira, Mocinha, numa reportagem da Manchete

+ Revista 28/12/82

João Roberto Kelly, presidente da Flumitur, na área oficial, foi um dos principais destaques de 1982 pela projeção que deu ao Estado do Rio. Além da programação de interiorização turística, seu grande mérito foi o diálogo direto com os agentes de viagens. Diversas cidades do Estado, como Parati e outras, puderam sentir os benefícios da sua administração.

Cara de sério: despachando na mesa de trabalho da Riotur

JOÃO ROBERTO KELLY
"Se me ajudarem, transformo o Rio na cidade mais alegre do mundo"

Fotos: Gil Pinheiro

Quando assumiu a presidência da Riotur, semana passada, João Roberto Kelly foi saudado pelos passistas, ritmistas e demais dirigentes das escolas de samba cariocas com um autêntico carnaval, que paralisou algumas ruas do centro do Rio. E a razão de tanto entusiasmo foi explicada por um diretor da Imperatriz Leopoldinense: "A Riotur vai ter um branco de alma negra na sua direção." E João Roberto Kelly, 40 anos, carioca da Gamboa, advogado que nunca exerceu a profissão e compositor de alguns dos maiores sucessos do carnaval carioca dos últimos dez anos, está de pleno acordo. "Minha pele é branca, mas a minha sensibilidade, a minha alma musical, é negra", diz Kelly. Uma das suas primeiras providências à frente da Riotur visa, justamente, uma maior participação dos mais pobres no desfile das escolas de samba. "Como acontece em todo grande evento mundial, pretendo comercializar os espaços ao longo da passarela. Com o dinheiro arrecadado, terei condições de cobrir os custos do carnaval e distribuir um maior número de ingressos pelas escolas de samba e vender os melhores locais a um preço bem acessível à bolsa do povo." Outras metas: *shows* diurnos de samba para os turistas, estimular a visita aos diversos museus da cidade, promover feiras, congressos e tudo que contribua para uma boa imagem da cidade. Os objetivos mais grandiosos de Kelly, no entanto, estão ligados à ressurreição dos festivais da canção e do cinema. Sabe que, no primeiro, poderá contar com a ajuda de Augusto Marzagão e que o outro "poderá se transformar no mais importante do continente, já que os de Mar del Plata e Punta del Este há muito tempo acabaram. E o Rio é a cidade ideal para esse tipo de promoção. Se me ajudarem, tenho certeza de que transformo essa cidade na mais alegre do mundo, devolvendo ao carioca o charme que ele está começando a perder". *Tarlis Batista*

Comercializando os espaços da passarela do samba, o novo diretor — já de terno e gravata

Carioca da Gamboa, compositor de sucesso, João Roberto Kelly se considera apto a lidar com os problemas que afligem não só o samba, mas a própria estrutura turística do Rio de Janeiro. Pão de Açúcar ao fundo, o novo diretor da Riotur ensaia uns passos com Mocinha, porta-estandarte da Mangueira.

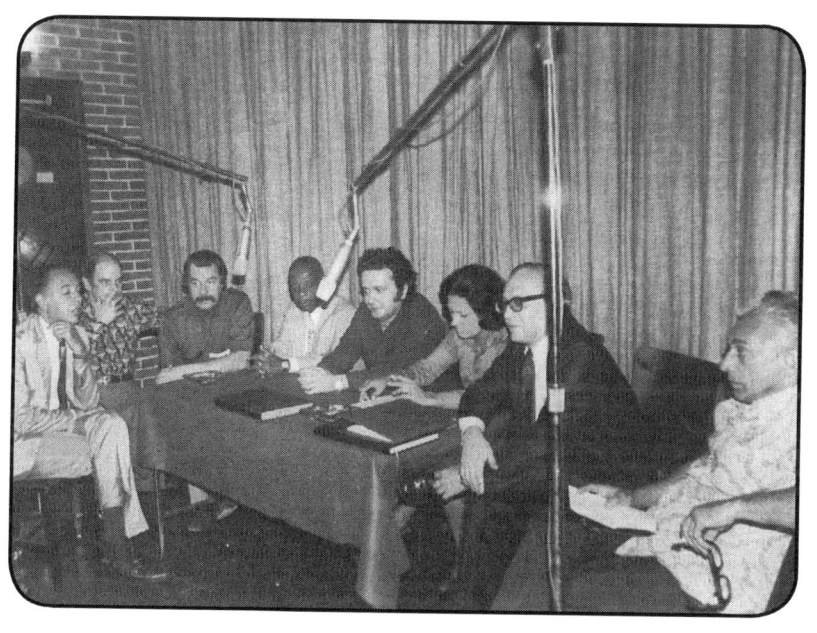

Sabatinado na série "Depoimentos para a Posteridade", do Museu da Imagem e do Som, em 1972

Anúncio do programa No Mundo do Samba para a TV Record

Com Jamelão no Rio dá Samba, *em 1979*

◉ *Num juri de fantasias de carnaval, com Clóvis Bornay e a louraça Marta Anderson*

◉ *Dobradinha com Emilinha Borba no baile do Teatro Municipal*

◉ *Tipo exportação: com Sargentelli na estreia do Oba Oba de São Paulo, em 1981*

◉ *Com o bamba Roberto Paciência, remanescente do conjunto Anjos do Inferno, ensaiando para o Rio dá Samba*

Sangue novo no carnaval com o Bloco Céu na Terra

Com Pedro Ernesto Marinho, presidente do Cordão da Bola Preta

⦿ O show continua em mais uma apresentação

⦿ Na saudação habitual entrando em cena

RELAÇÃO DE OBRAS DE JOÃO ROBERTO KELLY

Relação de obras

TÍTULO	ANO
A BANDINHA DO ALEMÃO, com Augusto Mello Pinto	1998
A BOLSINHA DO WALDEMAR, com M. Oliveira	1972
A DANÇA DO MIAU, com Augusto Mello Pinto e Jorge Luperce	1984
A GENTE RESOLVE DEPOIS, com Angela Maria	1969
A LANÇA-PERFUME	1985
A MANGUEIRA NA LUA	1969
A MÁSCARA CAIU, com Douglas e Noel Carlos	1992
A MULATA NA PASSEATA, com A. Maria	1968
A VIAGEM	1968
ACONTECEU	1975
ADORO A DORA	1964
AFINIDADE	1980
AMIGO JUJU, com Theobaldo e Roberto Manzoni	1988
AMOR IMPOSSÍVEL, com David Nasser	1963
AMOR PROIBIDO	1980
ANA LUCIA, com Augusto Mello Pinto	1965
APARECEU A MARGARIDA, com Augusto Mello Pinto	1967
ARREPENDIMENTO	1959
AS ROSAS BRANCAS DA PAZ	1973
BABY-DOLL, com Mauricio Sherman e Max Nunes	1964
BAILE DA TELEVISÃO, com Nadja Prior	1973
BALANÇA...BALANÇA	1962
BANDA DAS MIMOSAS, com Chacrinha e Leleco	1985
BANDA DOS BICHINHOS, com Noel Carlos	1983
BANDINHA DO ALEMÃO, com Augusto Mello Pinto	1967
BARBA DE BODE, com Nadja Prior e Tereza Sodré	1973
BARRAQUINHO	1979
BATE PAPO COM CARTOLA	1970

RELAÇÃO DE OBRAS DE JOÃO ROBERTO KELLY

BATUCADA DO ZÉ, com Aloisio Silva Araújo	1964
BERRO DO PAULISTINHA	1986
BOATO	1961
BOEMIO DE ANTIGAMENTE, com M. Oliveira	1972
BOLA PRA FRENTE IMPÉRIO, com Augusto Mello Pinto	1978
BOM DIA DONA MARIA, com Paulo Sette	1971
BOMBA... BOMBA, com Noel Carlos	1980
BONEQUINHA IÊ,IÊ,IÊ	1967
BOSTELA	1965
BOTA A CAMISINHA, com Chacrinha e Leleco	1987
BOTANDO JAZZ NO MEU SAMBÃO	1964
BRASIL TRI-CAMPEÃO, com Aldacir Louro	1970
BREAK, BREAK, com Chacrinha e Leleco	1984
BROTINHO BOSSA NOVA	1960
BRÔTO DE TUBINHO, com Mauricio Sherman e Max Nunes	1964
BURACO NO METRO	1977
CABELEIRA DO ZEZÉ, com Roberto Faissal	1963
CAÇADORES, com Mauricio Sherman e Max Nunes	1964
CAFEZINHO, com Augusto Mello Pinto	1970
CAIPIRA, com Millor Fernandes	1964
CANÇÃO DE NINAR, com Augusto Mello Pinto	1966
CANÇÃO PARA MAMÃE, com David Nasser	1967
CANOEIRO	1965
CARA DE GATA, com Angela Maria e Elzo Augusto	1970
CARIMBÓ NO CARNAVAL, com Marcus Pitter	1975
CARNAVAL QUE EU BRINQUEI, com David Nasser	1966
CARNIVAL YEH YEH SONG (MULATA YE, YE, YE)	1964
CASA VAZIA	1961
CASSETETE DO JUJU, com Theobaldo e Roberto Manzoni	1988
CHA-CHA-CHA DE CABO FRIO, com J. Ruy	1964

CHA-CHA-CHA DE PARIS	*1964*
CHE CHE CHE, com A. Maria	*1968*
CHINÊS, com Mauricio Sherman e Max Nunes	*1964*
CIUMINHO	*1963*
COISA FEITA	*1968*
COLOMBINA YE YE YE, com David Nasser	*1966*
COMPRA TUDO FEITO, com Elzo Augusto e Marques Filho	*1970*
CONSOLO DE OTÁRIO	*1959*
CORRENTEZA	*1975*
DÁ-LHE BRASIL, com Manoel Ferreira e Ruth Amaral	*2006*
DANÇA DO BOLE, BOLE	*1976*
DE PANDEIRO NA MÃO	*1977*
DE VEZ EM QUANDO	*1965*
DEIXA PRO ANO QUE VEM, com Elzo Augusto e Noel Carlos	*1970*
DEU PERU NA CABEÇA	*1984*
DIA DE PIERROT	*1961*
DIA DE SOL, com Moacyr Vieira	*1959*
DONA HERMENGARDA	*1960*
DOR DE COTOVELO	*1961*
É DE PAZ NOSSO BLOCO, com Augusto Mello Pinto	*1967*
É DOMINGO NO CÉU DO TEU OLHAR, com David Nasser	*1963*
E...SEJA O QUE DEUS QUISER	*1969*
ENQUANTO A NOITE NÃO VEM	*1961*
ENQUANTO HOUVER PERDÃO	*1961*
ESMOLA	*1961*
ESTE SAMBA QUE EU FAÇO	*1969*
EU COMPRO ESSA MULHER, com J. Ruy	*1966*
EU CONQUISTEI A LUCIANA, com João Machado	*1969*
EU QUERO SEU CARINHO A NOITE INTEIRA	*1973*
EU QUERO VER, com David Nasser	*1966*

RELAÇÃO DE OBRAS DE JOÃO ROBERTO KELLY

EU SOU A NOITE	1977
EU SOU UM TESÃO, com Roberto Manzoni, Ronie Cócegas e Gugu Liberato	1988
FANTASIA DE ROSAS	1968
FECHA A PORTA	1979
FEITICEIRA	1969
FELICIDADE FELIZ, com Douglas	1986
FIGURINHA DE BOITE	1961
FIM DE ANO	1983
FIO DENTAL, com Roberto Manzoni e Gugu Liberato	1987
FOLLIES BERGERE	1977
GAMAÇÃO	1962
GANGSTERS, com Meira Guimarães	1964
GAROTA DO IBOPE, com Augusto Mello Pinto	1965
GATINHA DO MONKEY, com David Nasser	1966
GELÉIA DE MARIMBONDO	1958
GIGI, com Manoel Ferreira e Ruth Amaral	1974
GINGA BRASILEIRA	1981
GOSTO DE VOCÊ DE GRAÇA	1963
HINO DAS TORCIDAS, com Manoel Ferreira e Ruth Amaral	1994
HULLY GULLY DA CIDADE SE DIVERTE	1964
HULLY GULLY DO VELHINHO, com J. Ruy	1964
IDÉIA FIXA	1978
INDAIAL, com Allis Bornhofen	1984
INVERNO	1980
IRONIA	1965
ISRAEL, com Rachel	1972
JÁ ERA HORA DE PENSAR, com Leo Vilar	1968
JOGA A CHAVE, MEU AMOR, com J. Ruy	1964
JORNADA NAS ESTRELAS, com Paulo Celestino	1982

JUDY, com Augusto Mello Pinto	1972
LEVE A SAUDADE	1962
LIGUE PRO MEU CELULAR, com Manoel Ferreira e Ruth Amaral	1996
LINDA MASCARADA, com David Nasser	1966
MACHÃO DELICADO, com Orlando Gazzaneo	1984
MADE IN MANGUEIRA	1976
MAIS DO QUE AMOR	1961
MARCHA DA BICHARADA, com Roberto Manzoni e Gugu Liberato	1987
MARCHA DO PENTELHO, com Douglas, Antônio Carlos e Gaúcho	1990
MARCHA DO SALIM, com Chacrinha, Don Carlos e Leleco	1983
MARCHA DO XIXI, com Leleco	2010
MARCHINHA DE CARNAVAL, com Eduardo Dussek	2010
MARIA BRASÍLIA, com Marly de Oliveira, Roberto Kelly e J. Saccomani	1959
MARIA SAPATÃO, com Chacrinha, Don Carlos e Leleco	1980
MARIAZINHA, com Augusto Mello Pinto	1965
MARIDO E MULHER	1971
MAXIXE DA COLOMBO	1964
ME DEIXE MORRER COM VOCÊ, com David Nasser	1966
MENINA DA PENHA, com Augusto Mello Pinto	1965
MENINO GAY, com Chacrinha, Don Carlos e Leleco	1981
MEU BEM SAI DE FOSSA, com Elzo Augusto e Noel Carlos	1970
MEU BLOCO PINTOU, com Aldacir Louro	1971
MEU POEMA DE AMOR	1984
MINHA ESTRELA, com Esther Tarcitano	1967
MINHA VOLTA	1991
MISTURA	1980
MOÇA, com Leila Franca	1964
MORENINHA DA VILA	1972
MORREU NUM BEIJO, com Oswaldo Moraes	1963

RELAÇÃO DE OBRAS DE JOÃO ROBERTO KELLY

MULATA FORA DO MAPA, com Paulo Sette	*1971*
MULATA YE, YE, YE	*1964*
MY FAIR SHOW, com Mauricio Sherman e Max Nunes	*1964*
NADA DE BAR	*1964*
NÃO DÁ PRA ENTENDER	*1965*
NÃO SOU ATLETA	*1961*
NEM DEUS	*1963*
NHONHOCO, com C. Leandro e Joe Lester	*1960*
NOITE CIGANA, com Carlos Martins e Douglas	*1990*
NOITE DE AMOR, com Emilinha Borba	*1976*
NÓS DOIS E O LUAR	*1961*
NÓS SOMOS BANDEIRANTES	*1969*
NÓS TRÊS, com Augusto Mello Pinto	*1973*
NOVENTA ANOS DE BOLA	*2009*
NUNCA É TARDE	*1961*
O AMOR QUE DEUS NOS DEU, com Antônio Maria	*1969*
O BRASIL VAI FATURAR, com Douglas, Pedrinho e Leo Romano	*1990*
O BRAULIO, com Aires Vinagre e Ronie Cócegas	*1995*
O CACHORRINHO DO LALAU, com J. Ruy	*1965*
O CARRO, com Mauricio Sherman e Max Nunes	*1964*
O CÔCO DO BAIANO, com Mário Tupinambá e Roberto Faissal	*1963*
O CORTIÇO	*1967*
O MORANGUINHO	*1967*
O MUNDO COLORIDO DO CAREQUINHA	*1973*
O PAPAGAIO, com Mário Barcelos e Leda Gonçalves	*1961*
O PINHEIRINHO, com Meira Guimaraes	*1967*
O SEGUNDO CARA	*1970*
O SONHO DO WALDEMAR, com Manoel Ferreira e Ruth Amaral	*1971*
OBRIGADO RIO, com Allis Bornhofen	*1984*
ODETE SEM TWIST	*1963*

ODETE, PORTA ESTANDARTE	*1969*
OLHO VIVO	*1969*
ONDE ESTÁ MEU SAMBA?, com David Nasser	*1967*
OS OLHOS DO MUNDO	*1972*
OS PAQUERAS, com Elzo Augusto e Jota Sandoval	*1970*
PACOTÃO, com Chacrinha, Don Carlos e Leleco	*1983*
PANTANAL, com Carlos Martins e Douglas	*1990*
PARA GIRAR O CARROUSSEL	*1964*
PARECE COISA DE LOUCO, com J. G. de Araújo Jorge	*1973*
PÁSCOA	*1964*
PASSAPORTE PRA TITIA	*1961*
PATATI PATATÁ	*1963*
PAZ E AMOR, com Toninho	*1971*
PEGA O MEU PERU, com Roberto Manzoni e Gugu Liberato	*1988*
PESCADOR, com Mauricio Sherman e Max Nunes	*1964*
PIADA	*1962*
PIRATA DA CALÇADA	*1963*
PISCINA DO COPA, com Mauricio Sherman e Max Nunes	*1964*
PODE VIR QUE EU TÔ, com Carlos Martins e Douglas	*1990*
POEIRA DO CAMINHO, com David Nasser	*1963*
POROROPO-PÓ	*1962*
PORQUE FOI QUE EU VOLTEI	*1961*
PROMESSA, com O. Gazzaneo e L. Peres	*1959*
QUA, QUA, QUA, QUA, QUA, com Tomazi e Douglas	*1991*
QUAL É O PÓ, com Gerson Gonçalves	*1960*
QUE SERÁ?, com Mauricio Sherman e Max Nunes	*1964*
QUEM NÃO COMUNICA SE TRUMBICA, com Noel	*1970*
QUERO MORRER SEU AMIGO	*1962*
RANCHO DA COLOMBINA	*1963*
RANCHO DA MELINDROSA, com Noel Carlos	*1970*

RANCHO DA PRAÇA ONZE, com Francisco Anísio 1964
RANCHO DO BONDE, com Meira Guimarães 1965
RANCHO DO LALÁ, com David Nasser 1967
RANCHO DO RIO, com J. Ruy 1965
RANCHO DOS EMBAIXADORES 2008
RANCHO DOS TEUS OLHOS, com Augusto Mello Pinto 1967
RAP DO BETINHO, com David Nasser, Markynhos e Dollores 1995
RECORDAÇÕES, com Jorge Goulart e Roberto Faissal 1982
REPORTAGEM DA SAUDADE, com David Nasser 1966
RESPOSTA 1961
RIO DA SAMBA, com Roberto Manzoni 1987
RIZOLETA 1964
RUMOR (BOATO) 1961
SAMBA DA CABROCHA 1959
SAMBA DE BRANCO, com J. Ruy 1964
SAMBA DE PLAY-BOY 1959
SAMBA DE TELECO-TECO 1958
SAMBA DO BURACO QUENTE, com João Marques 1980
SAMBA DO PIRATA 1963
SAMBA DO REVEILLON 1968
SAMBA, SAMBA 1964
SE SAUDADE MATASSE, com David Nasser e J. Roberto 1963
SE VALE A PENA 1962
SEGURA A VELA, com Chacrinha, Roberto, Don Carlos e Leleco 1980
SEGURA O REMO, com Roberto Faissal 1976
SERENATA DE UM JOVEM, com David Nasser 1968
SÓ VOU DE BALANÇO 1960
SONHA, com Adilson Manhães 1975
SONIA, com Augusto Mello Pinto 1969
SOU, MAS QUEM NÃO É, com Emilinha Borba 1979

SUAS AMIGAS	*1971*
TALVEZ MAIS TARDE, com Luiz Carlos Frois	*1969*
TELEFONE DE BROTINHO, com Mauricio Sherman e Max Nunes	*1964*
TELEFONE NO MORRO	*1966*
TEMPOS MODERNOS	*1961*
TEREZA, com Augusto Mello Pinto	*1965*
TEUS OLHOS, com Augusto Mello Pinto	*1967*
TIMES SQUARE, com Meira Guimarães	*1964*
TIMIDEZ	*1959*
TRANSVIADOS	*1964*
TRÉCO, TRICO, TRUCO, com Nilo Vianna	*1969*
TRISTE COLOMBINA, com Sayro Ribeiro	*1968*
TUBINHOS DA COLOMBO, com Mauricio Sherman e Max Nunes	*1964*
TWIST NO SAMBA DE BRANCO	*1964*
UM ABRAÇO AO JOÃO	*1969*
UM DOIS TRÊS, com Silvio Santos e Manoel Ferreira	*1992*
UM SAMBINHA PRA SINHÔ	*1972*
UMA ROSA PRA D. PEDRO	*1972*
VELHINHAS, com Mauricio Sherman e Max Nunes	*1964*
VERA, com J. Ruy	*1966*
VERINHA TWISTE	*1962*
VIP-BAR, com Meira Guimarães	*1965*
VIVA, VIVA, com Georginho e Geraldo Barbosa	*1985*
VOCÊ É QUASE IGUAL A JANE FONDA, com Noel	*1970*
VOCÊ NÃO VÊ QUE EU ESTOU APAIXONADO, com Geysa Boscoli	*1967*
VOU SAIR DE LULA	*2003*
VOU SAMBAR NA VILA	*1968*
ZÉ DA CONCEIÇÃO	*1963*
ZERO OITOCENTOS, com Américo C. Borges	*2013*